大学受験のための

英文熟考

［改訂版］

竹岡広信

著

別冊

JN041753

旺文社

大学受験のための
英文熟考

[改訂版]

熟考編（問題, 語句チェック）

もくじ

①

解答・解説 ▶ p. 10

Most of the architect's buildings have been created unsystematically, little by little, in response to the needs of the environment. Very rarely is a building planned entirely in advance.

_____

_____

_____

_____

_____

②

解答・解説 ▶ p. 12

Only when we have helped these nations reduce their poverty and rates of violent crime will we be able to begin to eliminate the problem of illegal immigration.

_____

_____

_____

_____

3

解答・解説 ▶ p. 14

A long walk after dinner was a common custom in 18th century
England. It was believed that not only did the walking promote
physical well-being, it was also emotionally beneficial.

4

解答・解説 ▶ p. 16

The weather report for the next few days is quite encouraging. It
does not predict any precipitation, nor does it forecast any
unpleasantly high temperatures.

①

▶ **unsystematically** [ʌ̀nsìstəmǽṭɪkəli] 副 **無計画に**　直訳すると「何の体系もなく」になりますが，ここではあとに出てくるplanの反対の意味を持つ語として訳しておきましょう。

▶ **in response** [rɪspá(:)ns] **to ～** 熟 **～に応じて**　respond to ～「～に反応する」の名詞形がresponse to ～ です。in ～ は「～の中で」という意味ですが，《in + 動名詞・動詞の名詞形》の場合には「～する中で」という訳よりも「～する際には，～して」とした方がしっくりきます。

▶ **rarely** [réərli] 副 **めったに～ない**　回数が少ないことを表す副詞です。seldomよりも口語的な表現です。

▶ **entirely** [ɪntáɪərli] 副 **完全に**　entirely agree「完全に同意します」というように動詞を修飾する場合と，entirely happy「完全に幸せ」というように形容詞を修飾する場合があり，主にプラスイメージの語を修飾します。似た意味のutterlyは主にマイナスイメージの語を修飾します。

▶ **in advance** [ədvǽns] 熟 **事前に**　advanceは「前進」の意味です。ですから，in advanceは「（時間的に）前進した状態で」から「事前に，前もって」という意味になりました。なおan advance ticketは「前売り券」の意味です。

②

▶ **nation** [néɪʃən] 名 **国家，国民**　特に「国民の集合，共同体としての国」の意味です。似た意味のcountryは「領土としての国」の意味になります。the United Nations「国際連合（UN）」の直訳は「統合された国家」です。

▶ **poverty** [pá(:)vərṭi] 名 **貧困**　poor「貧しい」の名詞形です。fight poverty「貧困と闘う」という慣用句で覚えておきましょう。

▶ **rate** [reɪt] 名 **割合，(比) 率**　「為替レート」のrateです。birthrateは「出生率」のことです。

▶ **crime** [kraɪm] 名 **犯罪**　犯罪全般の場合は不可算名詞で，個々の犯罪について述べる場合には可算名詞の扱いとなります。commit a crime「犯罪を犯す」という形でも頻出です。なおcriminalは「犯人」の意味です。

▶ **eliminate** [ɪlímɪnèɪt] **～** 他 **～を除く**　「必要のないものや望まれていないものを完全に除去する」という意味です。

▶ **illegal** [ɪlí:ɡəl] 形 **不法の**　legal「合法の」の反意語です。否定を示す接頭辞であ

る in- は，このようにあとの子音に影響されて il- や im- などに変化することも覚えておきましょう。

▶ **immigration** [ìmɪgréɪʃən] 名 **移民，移住**　「外国からこちらの国に入ってくる人のこと」の意味です。

③ ───────────────────

▶ **common** [ká(ː)mən] 形 **世間一般の，普通の**　a common experience は「世間一般の体験」→「日常的体験」の意味です。a common Japanese name は「(鈴木, 田中などの) 日本でよくある名前」の意味です。

▶ **England** [íŋglənd] 名 **イングランド**　the United Kingdom「英国，連合王国」というのは，England, Scotland, Wales, Northern Ireland とその付近の島々からなる王国です。England「イングランド」はその一部の地域の名前です。

▶ **promote** [prəmóut] 〜 他 **〜を促進する**　pro-［前へ］+ -mote［(= move) 動く］から。promote peace「平和を促進する」，promote health「健康を増進する」

▶ **physical** [fízɪkəl] 形 **身体の，物理的な**　「精神の (mental)」の対義語で，「形のある」というのが原義です。人間に関しては「身体の」という訳語が充てられます。

▶ **well-being** [wèlbíːɪŋ] 名 **幸福，健康**　be well「良い状態である」からできた語です。やや硬い語で，a sense of well-being「幸福感」などで使います。

▶ **emotionally** [ɪmóuʃənəli] 副 **感情面で**　emotion「感情」の副詞形です。emotional「感情的な」のことを「エモい」と表現する若者言葉があるようですね。

▶ **beneficial** [bènɪfíʃəl] 形 **有益な**　benefit「恩恵」の形容詞形です。beneficial insects は「人間に有益な昆虫」→「益虫」の意味です。

④ ───────────────────

▶ **quite** [kwaɪt] 副 **かなり**　very ほど強くない副詞です。The hotel was quite expensive. は，「途方もなく高値だった」ではなく「かなり高かった」という意味です。

▶ **encouraging** [ɪnkə́ːrɪdʒɪŋ] 形 **励みとなる**　「(何かの結果やニュースが) 励みとなる，勇気づけられる」という意味です。The result of our research was highly encouraging.「私たちの研究結果は大いに希望が持てた」

▶ **predict** [prɪdíkt] 〜 他 **〜を予測する**　pre-［予め］+ -dict［言う］から。dictionary「辞書」は「人々の発言を集めた本」が原義です。

▶ **precipitation** [prɪsìpɪtéɪʃən] 名 **降水**　pre-［予め］+ -cip-［(= cap) 頭］から，「頭から真っ逆さまに落ちること」が原義です。化学の「沈殿 (物)」もこの単語です。

▶ **forecast** [fɔ́ːrkæst] 〜 他 **〜を予想する**　fore-［前］+ -cast［投げる］から。「公の場で予想する」という意味です。名詞も同形で，the weather forecast で「天気予報」です。

5

⑤

解答・解説 ▶ p. 18

　The science regarding global warming is perfectly clear. On no rational basis would it be reasonable to argue that recent climate change has not been the direct result of human activity.

⑥

解答・解説 ▶ p. 20

　In no branch of medical research and development is the company as far behind its international competitors as in that of stem cell research. This is due to the severity of national laws that restrict stem cell testing.

次の英文の日本語訳を書きなさい。そのとき，あなたが英文をどう読みとったのかがよく伝わるようにすること。語句の意味がわからない場合は，次のページにヒントがありますので，参考にしてもかまいません。

⑦

解答・解説▶p.22

It is highly doubtful whether or not we can find good-looking someone of whom we cannot approve.

⑧

解答・解説▶p.24

New technologies, which made possible recent breakthroughs in physics, will surely enable the scientists now working on questions about the origin of the universe, to answer some of them.

⑤

▶ **regarding** [rɪɡáːrdɪŋ] 〜 **前** 〜に関して　regard 〜 は本来「〜を見る」という意味なので,「〜に目を向ければ」という感覚です。

▶ **global** [ɡlóʊbəl] **warming** [wɔ́ːrmɪŋ] **名** 地球温暖化　無冠詞で使われます。

▶ **on a 〜 basis** [béɪsɪs] **熟** 〜という基準・原則に基づき　on a 〜 basis で,〜の副詞形だと考えるとわかりやすいでしょう。例えばon a regular basis = regularly「規則正しく」,on a voluntary basis = voluntarily「自発的に」となります。

▶ **rational** [ræʃənəl] **形** 理性に基づいた　emotional「感情的な」の逆の意味で,「感情的にはならないで冷静な」の意味です。

▶ **reasonable** [ríːzənəbl] **形** 理にかなった,もっともな　reason「理性」で考えて,「納得できる」という意味です。a reasonable price は「納得できる価格」→「お手頃価格」の意味です。

▶ **argue** [áːrɡjuː] **that** *S' V'* **他** S' V'と主張する　argue with 〜 の場合には「〜と主張のし合いをする」→「〜と言い争う」となります。

⑥

▶ **medical** [médɪkəl] **research** [ríːsəːrtʃ] **and development** [dɪvéləpmənt] **名** 医療の研究開発　medicalは「医療に関わる」という意味の形容詞です。日本語ではmental「精神の」やmedical「医療に関わる」が名詞のように使われることがあるので注意してください。developmentは「発展,発達」と訳しがちですが,「開発」という訳語も覚えておいてください。

▶ **behind** [bɪháɪnd] 〜 **前** 〜に遅れて　「〜の背後に」が直訳ですが,そこから「予定などに遅れて」「周りのみんなよりも遅れて」などの意味になります。

▶ **competitor** [kəmpétətər] **名** 競争者,競争相手　compete「競争する」,competition「競争」の派生語です。

▶ **stem** [stem] **cell** [sel] **名** 幹細胞　stemは本来は「茎」の意味です。

▶ **severity** [sɪvérəti] **名** 厳しいこと　severeの名詞形です。

▶ **national** [næʃənəl] **形** 国の　international「国際の」と間違わないようにしてください。a national flagは「国旗」の意味です。

▶ **restrict** [rɪstríkt] 〜 **他** 〜を制限する　re-[反復→強調] + -strict[厳しい]から。

▶ **testing** [téstɪŋ] **名** 実験　nuclear testingと言えば「核実験」のことです。

⑦

▶ **highly** [háɪli] 圖（形容詞・過去分詞を修飾して）**非常に，大いに** 副詞のhigh は文字通り「高く」の意味で使いますが，highlyはそれとは異なり，比喩的に「高く」の意味で用いられます。

▶ **doubtful** [dáʊtfəl] 厖 **疑わしい** doubt「疑い」に -ful「一杯」という語尾が付いた形です。しばしばIt is doubtful whether *S' V'*.「S' V'かどうかは疑わしい」の形で用いられます。

▶ **good-looking** [gʊdlúkɪŋ] 厖 **容姿が整った** look good「よく見える」からできた形容詞です。

▶ **approve** [əprúːv] **of 〜** 圞 **〜を好意的に見る** 基本的な用法は，目上の者が目下の者に対して「承認する」「賛成する」です。さらに「（ある人）を好意的に見る」という訳語を充てることもあります。

⑧

▶ **technology** [tekná(ː)lədʒi] 图 **（個々の）（科学）技術** 全般的な「科学技術」の意味では不可算名詞ですが，「（個々の）（科学）技術」の意味では可算名詞の扱いです。理論に重きを置いたscience「科学」とは区別してください。

▶ **breakthrough** [bréɪkθrùː] 图 **大発見，大躍進** 従来の殻を破る（break）ような「大発見」の意味です。make a breakthroughで「大発見をする」の意味です。

▶ **physics** [fízɪks] 图 **物理（学）** 本来は「形あるものについての学問」という意味です。ですからphysicalには「物理的な」という訳語の他に「肉体の」という訳語もあります。

▶ *S* **enable** [ɪnéɪbl] *O* **to** *(V)* 圞 **Sは O が〜することを可能にする** en-という接頭辞は動詞を作ります。例えば，joy「喜び」の動詞形はenjoy 〜「〜を楽しむ」です。ableの動詞形がenableです。またenableは後ろに，*O* to *(V)* という形をとる場合がほとんどですから，常に予測しておいてください。

▶ **work** [wəːrk] **on 〜** 圞 **〜に取り組む** 直訳すると「〜に関して作業する」となります。onは「接触」が基本的なイメージですから，「〜にべったりくっついて作業している」というのが本来の意味です。

▶ **origin** [ɔ́(ː)rɪdʒɪn] 图 **起源** 日本語にもなっているoriginal「オリジナル」は，「それが起源となっていて他には見当たらない」ということから「独創的な」という訳を充てるのが普通です。

▶ **universe** [júːnɪvə̀rs] 图 **宇宙** 「すべての恒星や惑星も含めた宇宙」の意味です。outer spaceは「宇宙空間」の意味です。

⑨

解答・解説▶p.26

The art-film movement known in English as the "French New Wave" was highly controversial. It rejected many traditional cinematic conventions, restyled and made iconoclastic other conventions, and invented entirely new methods of expression.

⑩

解答・解説▶p.28

A hummingbird is able to stop its forward flight in midair and suddenly begin flying backward. This the bird often does so rapidly that observers are unable to determine just how the amazing feat was physically achieved.

次の英文の日本語訳を書きなさい。そのとき，あなたが英文をどう読みとったのかがよく伝わるようにすること。語句の意味がわからない場合は，次のページにヒントがありますので，参考にしてもかまいません。

⑪

解答・解説▶p. 30

Sarah is an extremely selfish and wasteful person. Any clothing that shows even the slightest wear she will immediately throw away.

⑫

解答・解説▶p. 32

What happened to his life during his school days is strikingly evident from his academic records. Not so striking, but of equal significance, are the changes in his attitude toward his friends.

⑨

▶ **controversial** [kà(:)ntrəvə́:rʃəl] 形 **論争を呼ぶ**　名詞形の controversy「論争」は contr-［反対・あべこべ］+ -verse［回る］から「逆回転」のイメージで「長期間にわたる論争」のことを意味します。多くの人が「ああでもない，こうでもない」と延々と言い合っている感じです。

▶ **reject** [rɪdʒékt] 〜 他 **〜を拒絶する**　re-［再び］+ -ject［投げる］から，「投げ返す」が本来の意味です。

▶ **cinematic** [sìnəmǽtɪk] 形 **映画に関わる**　「（集合的な意味の）映画」はアメリカ英語では movies ですが，イギリス英語では主に cinema を使います。この語はその形容詞です。ちなみに，個々の映画を表す場合は，アメリカ英語では movie，イギリス英語では film を主に使います。

▶ **convention** [kənvénʃən] 名 **しきたり，慣習**　con-［一緒に］+ -ven-［来る］+ -tion［こと］→「集会」となりました。「集会で決まること」→「決まり切った慣習」です。

▶ **iconoclastic** [aɪkà(:)nəklǽstɪk] 形 **因習打破の**　icon-［偶像］+ -clas-［破壊］からできた語です。

⑩

▶ **hummingbird** [hʌ́mɪŋbə̀:rd] 名 **ハチドリ**　北米から南米にかけて生息するハチドリ科の小鳥の総称です。和名の「ハチドリ」は，飛んでいる時の羽音がハチの音に似ていることに由来します。

▶ **forward** [fɔ́:rwərd] 形 **前進の，前方の**　look forward to 〜「〜を楽しみにして待つ」の forward「前方を」は副詞ですが，この forward は形容詞です。あとに出てくる backward は forward の反意語で，本問では副詞です。The fallen trees prevented any further forward movement. 「倒木によりそれ以上の前進は不可能だった」

▶ **flight** [flaɪt] 名 **飛ぶこと，飛行**　fly の名詞形です。日本語の「フライト」は，「定期航空便」の意味で使われることが多いですね。

▶ **midair** [mìdéər] 名 **空中**　mid-［真ん中］+ -air［空気］からできた語です。しばしば in midair「空中の，空中で」で用います。

▶ **determine** [dɪtə́:rmɪn] 〜 他 **〜を特定する**　「（真実など）を特定する」の意味です。determine how our customers will react「顧客の反応の仕方を突き止める」

▶ **feat** [fi:t] 名 **離れ技，偉業**　南極大陸横断などの，非常に困難なことをやり遂げるという意味です。語根の fac / fic / fec は「作る」の意味ですが，これと同系語で「作っ

たもの」が原義です。

▶ **physically** [fízɪkəli] 副 **物理的に**　mentally「精神的に」の対義語です。

▶ **extremely** [ɪkstríːmli] 副 **極めて**　veryをさらに強調した副詞です。extremely
hotと言えば「信じられないほどとても暑い」の感じですね。アクセントのある母音
の発音は [iː] であることにも注意してください。

▶ **selfish** [sélfɪʃ] 形 **自己中心的な, わがままな**　self「自我」の形容詞形です。-ish
で終わる形容詞は多くの場合マイナスイメージです。（類）childish「子供っぽい」

▶ **wasteful** [wéɪstfəl] 形 **浪費的な, 無駄遣いの多い**　waste「無駄」に-ful「一杯
で」が付加されてできた形容詞です。

▶ **clothing** [klóuðɪŋ] 名 **衣類**　clothes「服」より意味が広く, 帽子, 靴などの身に
つけるものをすべて含み, 不可算名詞の扱いです。

▶ **slight** [slaɪt] 形 **わずかな**　「量や程度がわずかな」の意味です。slice「スライス,
薄切り」と併せて覚えましょう。

▶ **wear** [weər] 名 **すり切れ**　「長期にわたって着たための損傷」の意味です。元は服
に対して使われていましたが, 現在では服以外でも使われることがあります。This
curtain is showing signs of wear.「このカーテンが摩耗し始めている」

▶ **immediately** [ɪmíːdiətli] 副 **すぐに**　im-［否定］＋ -media-［媒介］＋ -ly［副詞
形語尾］からできた単語で, 「何かと何かかが, その間に媒介するものがなくつなが
って」が直訳です。時間に関する場合には「間髪をいれず, すぐに」の意味です。

▶ **happen** [hǽpən] **to** ～ 熟 **～に起きる**　自動詞happenに前置詞toが付いた形
です。名詞形のhappening「（偶然の）出来事」は日本語にもなっています。

▶ **strikingly** [stráɪkɪŋli] 副 **著しく**　strike ～「～を打つ」の形容詞形がstrikingで,
その副詞形です。「とんでもなく際立って」というイメージの語です。

▶ **evident** [évɪdənt] 形 **明らかである**　e-はex-［外］＋ -vide-［見る］から, 「外にま
ではっきりと見えている」が本来の意味です。名詞形のevidence「証拠」も重要です。

▶ **significance** [sɪgnífɪkəns] 名 **重要性**　sign-［印］を-fic-［作る］から, 「印を付け
たくなるほどの重要性」の意味です。主に, 「未来に影響を及ぼすという視点からの
重要性」の意味です。

▶ **change** [tʃeɪndʒ] **in** ～ 熟 **～における変化**　日本語では「～の変化」という場合
でも, 全面的な変化を除き, 英語ではofではなくinを使うことに注意してください。

▶ *one's* **attitude** [ǽtətjùːd] **toward** [təːrd] ～ 熟 **…の～に対する態度**
attitude は「態度, 姿勢」の意味です。

⑬

解答・解説▶p.34

Such is the nature of many sheepdogs that they are happy to spend entire days, from dawn to dusk, working in their pastures without a moment's rest.

⑭

解答・解説▶p.36

The result of the murder trial was surprising. So eager was the jury to convict the defendant that they completely ignored reliable DNA evidence which clearly showed his innocence.

15

解答・解説▶p.38

People today seldom worship the sun as did many in ancient civilizations, but they should not take for granted the light and heat that it provides.

16

解答・解説▶p.40

As it turned out, Picasso no longer valued the precise depiction of physical reality, as did so many painters in those days; rather, he tended to focus on a more abstract form of "self-expression."

⑬ ─────────────────────────────

▶ **the nature** [néɪtʃər] **of ～** 熟 **～の性質**　natureは「ありのままの姿」が原義で，無冠詞ではしばしば「自然」と訳しますが，この形でも頻出です。

▶ **sheepdog** [ʃíːpdɔ̀(:)g] 名 **牧羊犬**　放牧中の羊の見張りや誘導をするように訓練された犬のことです。「コリー犬（collie）」などがその代表です。

▶ ***be* happy** [hǽpi] **to (V)** 熟 **喜んで～する**　似た意味を持つ *be* willing to (V) は「嫌がらずに～する」というどちらかというと消極的な意味ですが，*be* happy to (V) は「積極的に喜んで～する」という意味になります。

▶ **spend** [spend] **＋時間＋ (V) ing** 熟 **(時間) を～に費やす**　spendは，ただ「時間を費やす」という意味ではなく「何をして時間を費やす」のかを伝える語です。単に「楽しい時を過ごす」という場合にはspend a good timeとは言わず，have a good timeと言います。spendの活用変化はspend - spent - spentです。

▶ **dawn** [dɔːn] 名 **夜明け**　対義語はdusk「夕暮れ時」です。

▶ **pasture** [pǽstʃər] 名 **牧草地**　牛や羊の飼育に使われる草で覆われた土地のことです。

⑭ ─────────────────────────────

▶ **murder** [mə́ːrdər] 名 **殺人**　mur- やmor- は「死」を意味する語根です。例えばmortalは「死すべき運命にある」という意味の形容詞です。「殺人犯」は，-erが付いてmurdererです。

▶ **trial** [tráɪəl] 名 **裁判**　「ふるいにかけて分けること」が原義ですが，そこから「有罪かどうかを試すこと」→「裁判」と変化しました。

▶ ***be* eager** [íːgər] **to (V)** 熟 **熱心に～する**　eagle「ワシ」とは同系語ではありませんが，セットで覚えておきましょう。

▶ **jury** [dʒúəri] 名 **陪審員団**　ひとまとまりの陪審員の集団のことです。「(一人の)陪審員」はa jurorまたはa jury memberです。

▶ **convict** [kənvíkt] **～** 他 **～を有罪と宣告する**　con- [強意] + -vict [叩く] からできた語です。victory「勝利」，victim「犠牲者」などと同系語です。

▶ **defendant** [dɪféndənt] 名 **被告 (人)**　defend ～「～を防御する，擁護する」の派生語です。対義語はplaintiff「原告」です。

▶ **ignore** [ɪɡnɔ́ːr] **～** 他 **～を無視する**　i- [(= in-) 否定] + -gnore [知っている] → 「知らないことにする」という成り立ちです。knowは，gknowからgが脱落した語

です。

▶ **reliable** [rɪláɪəbl] 形 **確実な，信頼できる**　rely「信頼する」の形容詞形です。

▶ **evidence** [évɪdəns] 名 **証拠**　e-［(= ex) 外］+ -vide-［見る］→「はっきり見えるもの」からできた語です。証拠の集合体なので不可算名詞の扱いです。

▶ **innocence** [ínəsəns] 名 **無実**　in-［否定］+ -noc-［悪く見る］→「悪くない」からできた語です。noc- は night「夜」と同系語です。

⑮ ———————————————————————

▶ **worship** [wə́:rʃəp] 〜 他 **〜を崇拝する**　wor-［価値］+ -ship［状態］から「何かに価値を見い出し，それに敬意を持つ」ことです。worth「価値がある」が同じ語源ですね。日常生活では「礼拝する」の意味が普通です。「神社にお参りする」は worship at a shrine と表します。

▶ **civilization** [sìvələzéɪʃən] 名 **文明**　「十分に組織化され発達した社会」の意味です。つまり，society が類義語となります。日本では「文明」が定訳です。

▶ **take** [teɪk] *A* **for granted** [grǽntɪd] 熟 **A（の存在）を当然と見なす**　take *A* for *B* で「A を B と見なす」の意味です。grant 〜 は「〜を認める」の意味ですから，結局「A が世間で認められているものと見なす」が直訳となり，そこから上記の訳が出てきます。A に that *S' V'* を置くときには，しばしば形式上の it を先において take it for granted that *S' V'* の形にします。

⑯ ———————————————————————

▶ **no longer** [lɔ́(:)ŋgər] 熟 **もはや〜ない**　no を not と any に分解して not 〜 any longer と書くこともあります。

▶ **precise** [prɪsáɪs] 形 **精密な**　pre-［予め］+ -cise［切る］→「予め切りそろえた」が原義です。precise information は，情報の密度が濃いことを意味します。類語の accurate は「(誤りがなく) 正確な」という意味です。

▶ **depiction** [dɪpíkʃən] 名 **描写**　depict 〜「(人・作品が) (絵・彫刻・言葉などで) 〜を描く」の名詞形です。depict は de-［強意］+ -pict［(= picture) 描く］からできた語です。

▶ **tend** [tend] **to** (**V**) 熟 **〜する傾向がある**　［延びていく］→「ある方向へ延びていく」からできた語です。名詞形は tendency「傾向」です。

▶ **focus** [fóukəs] **on** 〜 熟 **〜に集中する**　名詞の focus は「焦点」の意味を持ちます。よって focus on 〜 は「〜に焦点を当てる」という感じの熟語です。

▶ **abstract** [æbstrǽkt] 形 **抽象的な**　abs-［(= away)］+ -tract［引っ張る］→「抽出する」→「大事な要素だけを抽出した」からできた語です。対義語は concrete「具体的な」です。

17

(17)

解答・解説▶p. 42

The company has accepted six applicants, each of whom its CEO will welcome personally sometime during the first week of April.

_____

_____

_____

_____

_____

(18)

解答・解説▶p. 44

My mother's guiding principle was "compassion toward others," the importance of which I finally understood only after she had passed away.

_____

_____

_____

_____

次の英文の日本語訳を書きなさい。そのとき，あなたが英文をどう読みとったのかがよく伝わるようにすること。語句の意味がわからない場合は，次のページにヒントがありますので，参考にしてもかまいません。

⑲

解答・解説▶p. 46

Some people are obsessed by the idea of attaining "celebrity," in pursuit of which they may do all sorts of foolish things that they will later come to regret.

⑳

解答・解説▶p. 48

During one of her jungle expeditions, she encountered a species of frog that scientists had believed to have gone extinct, as well as an orchid species which she thought was the most beautiful she had ever seen.

⑰

▶ **accept** [əksépt] 〜 他**〜を受け入れる** 「相手の意見や主張などを受け入れる」という意味です。さらに「〜の入会，入学を認める」という意味にもなります。名詞形はacceptanceです。

▶ **applicant** [ǽplɪkənt] 名**応募者** apply「応募する」を名詞形にした語です。-tで終わる名詞はしばしば「人」を表します。（類）pianist「ピアニスト」

▶ **CEO** [sì:i:óu] 名**最高経営責任者** chief executive officerの頭文字を取ったものです。会社で一番権力を持っている人のことです。

▶ **personally** [pə́:rsənəli] 副**個人的に** person「人」の形容詞形がpersonal「個人の」で，これに副詞形語尾の -ly が付いた語です。

▶ **sometime** [sʌ́mtàɪm] 副**いつか** some は「存在するがよくわからない」という意味合いの語なので，「よくわからないいつか」という意味です。「過去のいつか」あるいは「未来のいつか」のいずれでも使えます。sometimes「時々」とは区別してください。This temple was built sometime around 1200.「この寺は1200年ごろのいつかに建立された」

▶ **during** [dɔ́:rɪŋ] 〜 前**〜の間** 前置詞なので，後ろには名詞が置かれます。「〜の間ずっと」と，「〜の間のいつか」の2つの意味があります。The town was badly damaged by bombs during the war.「その町は戦争中，爆撃で大きな被害を被った」

⑱

▶ **guiding** [ɡáɪdɪŋ] **principle** [prínsəpəl] 名**指導原理** 「指導的役割を果たす原理」の意味です。

▶ **compassion** [kəmpǽʃən] 名**思いやり，同情** com-［同じ］+ -passion［気持ち］→「相手と同じ気持ちになる」からできた語です。sympathy「同情」より一歩進んで，相手を助けてあげたいという積極的な気持ちを意味します。

▶ **importance** [ɪmpɔ́:rtəns] 名**重要性** important「重要な」の名詞形です。-tで終わる形容詞の名詞形語尾はしばしば -ce となります。

▶ **finally** [fáɪnəli] 副**ついに，ようやく** 「長く待ったあと，長い時間を経て」を示唆します。

▶ **pass** [pæs] **away** [əwéɪ] 熟**亡くなる** dieの婉曲表現です。die は「（木が）枯れる」「（電池が）切れる」「（音が）消える」など多様な使い方がありますが，pass away は通例「人が亡くなる」場合にのみに使います。

▶ *be* **obsessed** [əbsést] **by 〜** 熟 **〜に取りつかれている**　ob-［〜に対して］+ -sess-［座る］→「何かが腰を下ろしている」からできた語で，「悪魔や妄想などに取りつかれている」という意味です。She is obsessed by being clean. ならば「彼女は清潔にすることに取りつかれている」→「彼女は潔癖症だ」となります。

▶ **attain** [ətéin] **〜** 他 **〜を遂げる**　目的や望みを達成する，という意味です。「（地位など）を獲得する」の意味でも使われます。

▶ **celebrity** [səlébrəti] 名 **名声**（不可算名詞），**有名人**（可算名詞）　「生きている有名人」の意味です。日本語の「セレブ」は，「優雅な生活を送っている人」を表し，英語とは微妙にずれています。

▶ **in pursuit** [pərsjúːt] **of 〜** 熟 **〜を求めて**　pursue 〜「〜を追求する」の名詞形を用いた熟語表現です。文字どおり「何かを追跡する」の意味から「幸福などを追求する」の意味でも使えます。

▶ **all** [ɔːl] **sorts** [sɔːrts] **of 〜** 熟 **あらゆる種類の〜**　a sort of 〜「一種の〜」からできた熟語です。all kinds of 〜 とも言います。

▶ **come** [kʌm] **to**（*V*） 熟 **〜するようになる**　come to feel 〜「〜と感じるようになる」，come to think that *S' V'*「S' V' と考えるようになる」などの感情を表す動詞と共に用いるのが普通です。

▶ **regret** [rigrét] **〜** 他 **〜を後悔する**　目的語には，名詞，動名詞，that 節が用いられます。

▶ **expedition** [èkspədíʃən] 名 **探険，遠征**　ex-［外］+ -ped-［足］+ -tion［名詞語尾］→「足を使って外へ行くこと」からできた語です。pedal「ペダル」，pedestrian「歩行者」などが同系語です。

▶ **encounter** [inkáunṭər] **〜** 他 **〜に遭遇する**　「偶然何かに出くわす」という意味の硬い語です。口語では主に run into 〜 や come across 〜 を使います。

▶ **species** [spíːʃiːz] 名 **種**　「（動植物の）種類」の意味で「人種」の「種」です。複数形も同形です。

▶ **frog** [frɑ(ː)g] 名 **カエル**　「ヒキガエル」は toad，「オタマジャクシ」は tadpole です。「（カエルが）鳴く」は croak です。

▶ **go** [gou] **extinct** [ikstíŋkt] 熟 **絶滅する**　extinct は ex-［外］+ -(s)tinct［（= stick）棒］→「棒で刺して消す」からできた形容詞です。口語表現としては die out を使います。

▶ **orchid** [ɔ́ːrkəd] 名 **ラン**　発音に注意すべき語です。child と似た発音だと思うと間違えます。chemistry「化学」，chaos「混沌」と同じ発音です。

解答・解説▶ p. 50

Later that month, the Vice President made an announcement that she felt certain would increase her popularity with voters.

_____

_____

_____

_____

_____

㉒

解答・解説▶ p. 52

Compilers of the new dictionary decided to include a large number of illustrations and photographs, which they imagined would increase the possibility of its selling significantly well.

_____

_____

_____

_____

_____

次の英文の日本語訳を書きなさい。そのとき，あなたが英文をどう読みとったのかがよく伝わるようにすること。語句の意味がわからない場合は，次のページにヒントがありますので，参考にしてもかまいません。

(23)

解答・解説▶ p. 54

I have no precise memory of what I thought I could actually accomplish after becoming a physician; I suppose that I simply had a vague sense of hoping to contribute to society in some way.

(24)

解答・解説▶ p. 56

You should bear in mind that it is your own opinion, not the opinion of anyone else, that will be truly important during the course of your life.

㉑

▶ **vice** [vaɪs] **president** [prézɪdənt] 名 **副大統領，副社長**　vice は「代わりの，副の」の意味の形容詞です。別語源の「悪徳」の意味の vice とは区別してください。

▶ **make** [meɪk] **an announcement** [ənáʊnsmənt] 熟 **発表する**　日本語の「アナウンス」は，英語の announce より意味が狭いことに注意してください。

▶ **certain** [sə́:rtən] 形 **確信している**　人を主語にして用います。be certain of ~ あるいは be certain that S' V' の形で用いるのが一般的です。

▶ **increase** [ɪnkríːs] ~ 他 **~を増やす**　名詞と動詞が同形で，語尾が -se の場合，名詞は [s] で動詞は [z] と発音が異なる語が多いですが (use, abuse など)，increase は名詞も動詞も [s] の発音になります。

▶ **popularity** [pà(ː)pjulǽrəti] 名 **人気**　popular「人気のある」という形容詞の名詞形です。gain (in) popularity「人気を得る」，lose popularity「人気を失う」などで使います。

▶ **voter** [vóʊṭər] 名 **有権者，投票者**　vote「投票する」からできた語です。

㉒

▶ **compiler** [kəmpáɪlər] 名 **編集者**　compile ~「(辞書，地図，リストなど) を編集する」の派生語です。「(新聞，雑誌，映画) を編集する」は edit ~ で，「編集者」は editor です。

▶ **include** [ɪnklúːd] ~ 他 **~を含める**　「全体の中の一部とする」という意味です。

▶ **a large** [lɑːrdʒ] **number** [nʌ́mbər] **of** ~ 熟 **大多数の~**　「~」には可算名詞の複数形が置かれます。number「数」の「多い」は large，「少ない」は small を使うことにも注意してください。なお a number of ~ は「いくつもの~」の意味です。

▶ **illustration** [ìləstréɪʃən] 名 **挿絵，説明図**　日本語の「イラスト」より意味が広い語で，「(説明のための) 実例」などの意味も持ちます。

▶ **imagine** [ɪmǽdʒɪn] ~ 他 **~を想像する**　image「像」とは区別してください。John Lennon の "Imagine" を聞いたことのない人は一度ぜひ聞いてみてください。

▶ **sell** [sel] **well** [wel] 熟 **よく売れる**　sell ~ は「~を売る」という意味ですが，意味が発展して「(副詞を伴って) 売れる」という意味でも使われています。This book sells best.「この本は一番良く売れている」からできた語が best seller です。

▶ **significantly** [sɪgnífɪkəntli] 副 **かなり**　主に数量が「著しく」の意味です。

▶ **precise** [prɪsáɪs] 形 **精密な**　➡ ⑯ 参照

▶ **accomplish** [əká(ː)mplɪʃ] 〜 他 **〜を達成する**　ac-［方向性］+ compli-［(= complete) 完成する］からできた語です。「随分と苦労した末に〜に成功する」という意味です。

▶ **physician** [fɪzíʃən] 名 **医者**　20世紀後半に看護師の地位が向上し，博士号をとる看護師が増えたことからdoctorでは「医者」なのか「博士号取得者」なのかが理解しづらくなりました。よって，そうした曖昧さを避けるためにphysicianが「医者」で頻繁に使われるようになりました。なおアメリカ英語で「内科医」はinternistです。

▶ **suppose** [səpóʊz] 〜 他 **〜だと思う**　thinkと似た意味ですが，thinkより自己主張が弱い語とされています。しばしば *be* supposed to (V)「(実現されていないが)〜することになっている」で使います。

▶ **vague** [veɪɡ] 形 **曖昧な**　vaga-は「さまよう」です。『バガボンド』(vagabond「放浪者」)という有名な漫画がありますね。

▶ **contribute** [kəntríbjət] **to** 〜 熟 **〜に貢献する**　「何かを与える」が原義です。プラスイメージなら「〜に貢献する」で，マイナスイメージなら「〜の一因となる」です。

▶ **in some** [səm] **way** [weɪ] 熟 **何らかの点で，何らかの方法で**　《some + 単数形の名詞》は「(はっきりしないが)何らかの〜」という意味です。

▶ **bear** [beər] 〜 **in mind** [maɪnd] 熟 **〜を心に留めておく**　bear 〜 は「〜を持つ」の意味なので，「〜を心の中に持つ」が原義です。この意味での活用変化はbear - bore - borneです。

▶ **else** [els] 副 **その他に［の］**　somethingやsomewhere, nobodyなどの単数形(代)名詞の後ろで用いられます。

▶ **truly** [trúːli] 副 **本当に**　true「真実の」の副詞形です。reallyは口語体で使う副詞ですが，trulyは主に文語体で使われます。

▶ **during** [dɔ́ːrɪŋ] **the course** [kɔːrs] **of** 〜 熟 **〜の間に，〜の途中で**　courseは「(時や事態の)経過，過程」の意味なので，直訳は「〜という過程の間に」です。

▶ **life** [laɪf] 名 **人生**　日本語では「生命」「人生」「生活」は場面で使い分けます。おそらく真剣な場では「人生」や「生命」を使い，もう少しリラックスした場面では「生活」を選択するのではないでしょうか。本問は人生訓のような硬い文なので，「人生」と訳すのが適切です。「生活」と訳しても間違いではありません。

解答・解説▶p. 58

It is not the expensiveness of a gift that will usually be most important to a recipient but, rather, the human feeling with which the gift has been given.

㉖

解答・解説▶p. 60

It was not the policies of the government that angered the public so much as the arrogant manner in which they were carried out.

次の英文の日本語訳を書きなさい。そのとき，あなたが英文をどう読みとったのかがよく伝わるようにすること。語句の意味がわからない場合は，次のページにヒントがありますので，参考にしてもかまいません。

解答・解説▶p.62

In those days, the museum had a lot of difficulties, which were largely due to lack of funds. It was mainly thanks to the support and generosity of a few wealthy people in the 1930s that art works could be bought and buildings improved.

解答・解説▶p.64

The first use of forks dates back to roughly 2000 B.C., but it is only in the last three hundred years or so that forks have come into widespread use in the U.K.

㉕

▶ **expensiveness** [ɪkspénsɪvnəs] 名 **(値が) 高いこと** expensive「値が高い」の名詞形です。cheap「安い」の名詞形も -ness を付けて cheapness とします。

▶ **usually** [júːʒuəli] 副 **いつもは, 普通** 「(例外はあるが) いつもは」の意味です。always「(例外なく) いつも」とは区別してください。

▶ **most** [moust] **important** [ɪmpɔ́ːrtənt] 熟 **きわめて重要な** 《(the の付かない) most ＋形容詞 (＋名詞)》で, 「とても～(な…)」の意味になることがあります。a most beautiful woman なら「とても美しい女性」の意味です。

▶ **recipient** [rɪsípiənt] 名 **受け取る人** receive ～「～を受け取る」の名詞形です。「臓器受容者」の意味で使うこともあります。この意味での対義語は donor「(臓器などの) 提供者」です。a heart transplant recipient「心臓被移植者」

▶ **rather** [rǽðər] 副 **むしろ, そうではなくて** I don't dislike him, but rather hate him.「彼のことが嫌いではない。そうじゃなくて大嫌いなんだ」

▶ **human** [hjúːmən] 形 **人間の** human は名詞「人間」の用法もありますが, 形容詞の用法もあります。a human being で「人類 (人間の存在)」の意味です。

㉖

▶ **not** [nɑ(ː)t] *A* **so much** [mʌtʃ] **as** *B* 熟 **A というよりむしろB** not so much *A* as *B* の形になることもあります。直訳は「B ほど A ではない」です。

▶ **policy** [pá(ː)ləsi] 名 **政策** 「政党や組織が目的を達成するための方針・手段」の意味です。「(個人の) 主義, ポリシー」の意味でも使います。It is my policy not to say bad things about others.「他人の悪口を言わないのが私の主義だ」

▶ **anger** [ǽŋgər] ～ 他 **～を怒らせる** angry「怒った」の動詞形です。名詞形も同形です。日常語では make ～ angry「～を怒らせる」の形でよく使います。

▶ **the (general)** [dʒénərəl] **public** [pʌ́blɪk] 名 **大衆** public は形容詞として「公の, 公衆の」の意味ですが, 名詞でも使われます。対義語は private「私的な」です。

▶ **arrogant** [ǽrəgənt] 形 **傲慢な** 「自分が他の人より重要だと考え, 他者にとって不快な方法で振る舞う」ことを意味します。an arrogant attitude to others で「他者への傲慢な態度」の意味です。

▶ **manner** [mǽnər] 名 **やり方, 流儀** in a ～ manner で「～のやり方で」の意味です。いわゆる「マナー」は英語では manners「(複数の) 流儀」→「礼儀作法」となります。

▶ **carry** [kǽri] 〜 **out / out** 〜 熟 **〜を実行する**   直訳は「〜を持ち出す」で，「計画や頼まれたことを実行する」という意味です。

㉗ _____

▶ **in those** [ðouz] **days** [deɪz] 熟 **その当時**   that / those は「遠いもの」を指します。そこからこのような意味になりました。

▶ **largely** [láːrdʒli] 副 **主に，大部分は**   large の副詞形ですが，large とは少し意味がずれるので注意が必要です。第2文の mainly も同じ意味です。

▶ **lack** [læk] 名 **不足**   「まったくない」あるいは「足りない」の意味です。(a) lack of 〜 の形でよく用いられます。動詞も同形で「〜が足りない」という意味です。

▶ **fund** [fʌnd] 名 **資金，基金**   fundamental は「基礎の」ですが，fund は「基礎を形成するお金」のことです。

▶ **generosity** [dʒènərá(ː)səṭi] 名 **寛容さ**   主に「お金を出し惜しみしない」という意味で用います。「心が広い」という形容詞は broad-minded です。

▶ **wealthy** [wélθi] 形 **裕福な**   wealth「富」の形容詞形です。似た意味の rich は一時的にお金を持っているだけかもしれないという状況でも使えますが，wealthy は「（長期にわたり）裕福な」という意味です。

▶ **art** [ɑːrt] **works** [wəːrks] 名 **芸術作品**   work は「仕事」の意味では不可算名詞ですが，「作品」の意味では可算名詞です。(類) literary works「文学作品」

㉘ _____

▶ **fork** [fɔːrk] 名 **フォーク**   紀元前2000年ごろに中国で使われていた餐叉（さんさ）がフォークの起源とされています。イタリアには14世紀，フランスには16世紀，イギリスには17世紀に伝わったとされています。それまでは手づかみで食べていたようです。

▶ **date** [deɪt] **back** [bæk] **to** 〜 熟 **〜に遡（さかのぼ）る**   date は名詞もありますが，ここでは動詞です。「日付を遡って行く」というイメージをつかんでください。

▶ **roughly** [rʌ́fli] 副 **だいたい**   rough というのは「粗い」という意味ですから，《roughly + 数字》で「だいたい〜」という意味で用います。

▶ **widespread** [wáɪdsprèd] 形 **広く行き渡った**   wide-［幅広い］ + -spread［広がった］からなる語です。例えば with the widespread use of e-mail で「E メールが広く用いられるようになると共に」という意味です。

▶ **the U.K.** [juːkéɪ] 名 **イギリス**   the United Kingdom「連合王国」の略号です。連合王国とは，England, Wales, Scotland からなる Great Britain に，Northern Ireland を含めた王国全体を指します。日本語では「イギリス」というのが通例ですが，これはポルトガル語「Inglez（イングレス）」が語源であるとする説が有力です。

第 8 回

解答・解説▶p. 66

　It was not with a view to acquiring financial gain that she applied for the newly created position but in the belief that the work would be personally fulfilling.

_____

_____

_____

_____

_____

(30)

解答・解説▶p. 68

　The U.S. Department of State, unable to determine who it was that had leaked the confidential information to the press, asked the FBI to conduct a thorough investigation.

_____

_____

_____

_____

_____

解答・解説 ▶ p. 70

It is a common misconception that the pyramids of Egypt were constructed by slave labor. In fact, archaeological research indicates that the laborers were recruited from among poor farmers and that they were paid.

解答・解説 ▶ p. 72

The Labrador Retriever is as different from the Chihuahua in temperament as it is in both size and appearance.

㉙

▶ **with a view** [vju:] **to ～** 熟 **～する目的で**　直訳は「～に対する視野を持って」です。toは前置詞なので，後ろには名詞や動名詞が置かれます。

▶ **financial** [fənǽnʃəl, faɪ-] 形 **財政上の，経済的な**　「お金に関わる」という意味です。fin- は final「決勝戦」，finish ～「～を終える」などにも見られる「限界，終わり」を示す語根です。裁判でも最後に罰金（fine）を言い渡しますね。

▶ **gain** [geɪn] 名 **得ること，利益**　動詞の名詞形は「～すること」と「～したもの」の2義があり，この単語も同様に「得ること」と「得たもの（＝利得，利益）」の意味を持ちます。動詞も名詞と同形です。

▶ **apply** [əplái] **for ～** 熟 **～を申し込む**　apply は apply A to B「AをBに応用する，適用する」でよく用いられます。この熟語はapply *oneself* to ... for A「Aを求めて自らを…に当てはめる」から，*oneself* to... が省かれた形だと考えればいいでしょう。「何かが欲しくて，自らを相手に合わせる」という感じですね。

▶ **fulfilling** [fʊlfílɪŋ] 形 **やりがいのある**　fulfill ～「（期待，希望など）をかなえる，（約束，義務など）を果たす」の形容詞形です。

㉚

▶ **the U.S.** [jù:és] **Department** [dɪpáːrtmənt] **of State** [steɪt] 名 **米国国務省**

▶ **unable** [ənéɪbl] **to (V)** 熟 **～できない**　able to (V) の反意語です。enable O to (V)「Oが～するのを可能にする」と間違えないようにしてください。

▶ **leak** [liːk] **～** 他 **～を漏らす**　日本語でも「情報をリークする」と言いますね。名詞形は leakage「漏洩（ろうえい）」です。

▶ **confidential** [kà(:)nfɪdénʃəl] 形 **極秘の**　confidence「信頼，自信」の形容詞形です。「あなたを信頼して任せます」→「極秘ですよ」という感じですね。

▶ **the press** [pres] 名 **報道機関**　a press conference は「記者会見」の意味です。

▶ **FBI** [èfbiːáɪ] 名 **連邦捜査局**　Federal Bureau of Investigation の略称です。米国は，国全体と州で法律が異なることさえあります。federal「連邦の」は，そのような体系において「合衆国全体の」の意味で使われます。

▶ **conduct** [kəndʌ́kt] **～** 他 **～を行う**　do ～ の硬い表現です。a survey「調査」，research「研究」，an analysis「分析」，a census「国勢調査」などを目的語にとります。

▶ **thorough** [θə́:rou] **形徹底した**　throughと同系語です。through「〜を通った」
→「やり遂げた」から。「サラブレッド」はthoroughbred「徹底的に飼育された」で
す。発音に注意してください。

▶ **investigation** [ɪnvèstɪɡéɪʃən] **名調査**　「捜査本部を置いて行われる犯罪などの
捜査」「チームでなされる学術研究」などの意味です。米国のFBIはFederal Bureau
of Investigation「連邦捜査局」のことです。

㉛────────────────────────────────

▶ **misconception** [mìskənsépʃən] **名誤解**　mis-［間違った］+ -conception「概念」
からできた語です。

▶ **construct** [kənstrʌ́kt] **〜 他〜を建造する**　con-［集めて］+ -struct［建てる］
からできました。「大きな建造物を作る」という意味です。constructionは「建造，工
事」の意味で，under constructionは「建造中，工事中」の意味です。

▶ **slave** [sleɪv] **名奴隷**　「スラブ民族」が語源です。「奴隷制度」はslaveryです。

▶ **labor** [léɪbər] **名肉体労働**　「肉体労働者」のことをblue-collar worker（青い襟の
労働者），「頭脳労働者」のことをwhite-collar worker（白い襟の労働者）ということ
もあります。

▶ **archaeological** [à:rkiəlá(:)dʒɪkəl] **形考古学の**　archaeology「考古学」の形容
詞形です。

▶ **indicate** [índɪkèɪt] **〜 他〜を示す**　showの硬い言い方です。

▶ **recruit** [rɪkrú:t] **〜 他〜を（新規に）採用する**　employ 〜 は「〜を雇う」で
中途採用も可ですが，recruit 〜 は「（新人）を採用する」という意味です。名詞の
recruitには「新兵」の意味もあります。

㉜────────────────────────────────

▶ **Labrador** [lǽbrədò:r] **Retriever** [rɪtrí:vər] **名ラブラドルレトリバー**　大型
の犬種で，イギリスで改良固定され，現在では家庭犬，盲導犬，警察犬として用いら
れています。retrieve 〜 は「（獲物）を捜して持って来る」の意味です。

▶ **Chihuahua** [tʃɪwá:wə] **名チワワ**　メキシコ産の超小型犬。チワワはメキシコ北
部の州都の名前から取られました。アクセントに注意してください。

▶ **temperament** [témpərəmənt] **名気質**　temperatureは「温度，気温」です。
temperamentも，この語と同系語で「性質の温度」と考えればよいでしょう。「芸術
家気質」はan artistic temperamentと言います。

▶ **appearance** [əpíərəns] **名外見**　appearは，①「現れる」，②「〜に見える」の2
義があります。その名詞形も2義あり，②の名詞形の意味が「外見」となります。

③③

解答・解説 ▶ p. 74

With the hiring of new faculty and investment in state-of-the-art technology, our School of Engineering is now able to offer an Urban Design program that is as advanced as any other in the nation.

③④

解答・解説 ▶ p. 76

While schools have tried numerous ways of attracting more young people to the teaching profession, nothing which they have done thus far has been as immediately effective as work-hour reductions.

次の英文の日本語訳を書きなさい。そのとき，あなたが英文をどう読みとったのかがよく伝わるようにすること。語句の意味がわからない場合は，次のページにヒントがありますので，参考にしてもかまいません。

解答・解説▶p.78

Despite all the data available showing that children in the area make up the group which is most likely to be malnourished, the organization still spends twice as much on each elderly person as on each child.

解答・解説▶p.80

If she had not spent that year in Rome, she would be even less competent than she is now in explaining the current political situation in Italy, much less in convincing others to accept her views.

㉝

▶ **hiring** [háɪərɪŋ] 名 **雇用，従業員の採用** hire ～「～を雇う」の名詞形です。hire ～「～を雇う」⇔ fire ～「～を解雇する」をセットで覚えておきましょう。

▶ **faculty** [fǽkəlti] 名 **教員** fac- は「作る」の意味ですから，「神がお作りになったもの」→「生まれながらの能力」と考えればよいでしょう。例えば our faculty of hearing で「聴力」の意味になります。the faculty は「能力のカタマリ」＝「教員」から「大学全体あるいは学部全体の教員」という意味を持ちます。例えば a faculty meeting は「教授会」の意味です。

▶ **investment** [ɪnvéstmənt] **in ～** 熟 **～への投資** invest A in B「A を B に投資する」の名詞形です。「時間，金，精力などを注ぎ込むこと」の意味なので，日本語の「投資」より意味は広いですね。

▶ **state-of-the-art** [stèɪt əv ði áːrt] 形 **最先端技術を用いた** 「現在の技術（art）で達成できる最高の状態（state）」からできた語です。the latest ～「最新の～」の硬い表現です。

▶ **school** [skuːl] **of engineering** [èndʒɪníərɪŋ] 名 **工学部** school には「（大学の）専門学部」の意味があります。

▶ **offer** [ɔ́(ː)fər] **～** 他 **～を提供する** 正しくは「～を申し出る」の意味で，必ずしも「提供」が実現しているわけではありません。

▶ **advanced** [ədvǽnst] 形 **（文明などが）高度に進歩した** advance ～「～を前進させる」の派生語です。

㉞

▶ **numerous** [njúːmərəs] 形 **多くの** many より硬い語で，number「数」と同系語です。S are many. という言い方は一般的ではありませんが，S are numerous. という言い方は可能です。

▶ **attract** [ətrǽkt] **～** 他 **～を引きつける** at-［(= ad-) 方向性］+ -tract［引く］からできた語です。attract A to B で「A を B に引きつける」の意味です。

▶ **profession** [prəféʃən] 名 **専門職** 弁護士，会計士，税理士，医師などの資格を要する専門職のことです。teaching profession なら「教職」となります。

▶ **thus** [ðʌs] **far** [fɑːr] 熟 **これまでのところ** so far とも言います。「先のことは知らないがこれまでのところは」という意味です。

▶ **immediately** [ɪmíːdiətli] 副 **すぐに** ➡ ⑪参照

▶ **effective** [ɪféktɪv] 形 **効果的な** effect「効果」の形容詞形です。This medicine is effective. なら「この薬は効果的だ」→「この薬は効く」の意味です。

▶ **reduction** [rɪdʌ́kʃən] 名 **減らすこと，減少** reduce ～「～を減らす」の名詞形です。reduce は，re-[後ろへ]＋ -duc-[導く]からできた語です。

㉟

▶ **despite** [dɪspáɪt] ～ 前 **～にもかかわらず** in spite of ～ と同意の前置詞です。

▶ **available** [əvéɪləbl] 形 **手に入る** a-[(＝ad) 方向性]＋ -vail-[(＝value) 価値がある]＋ -able[できる]からできた語です。元は「価値がある」の意味でしたが，今では「入手可能な」に変わりました。

▶ **make** [meɪk] **up** ～ 熟 **～を構成する** up は「完了」の意味を持つ副詞です。この意味では make ～ up の語順にはしません。

▶ **malnourished** [mælnə́:rɪʃt] 形 **栄養失調の** mal- はマイナスを意味し，nourish ～「～に栄養を与える」は nurse「乳母・看護師」と同じ語源の語です。名詞形を用いた proper nourishment は「栄養のバランスのとれた食事」という意味になります。

▶ **spend** [spend] ＋お金＋ **on** ～ 熟 **お金を～に使う** 《spend ＋時間＋ (in) (V) ing》と共に覚えておくべき熟語です。on ～ は「～に対して」という意味合いです。

▶ **elderly** [éldərli] 形 **年配の** 「お年寄り」は elderly people と言います。old people と言うと「老いぼれた人々」という感じになってしまいます。

㊱

▶ **even** [í:vən] ＋比較級 副 **さらに** 比較級を強調する副詞には much や far がありますが，これらは「差が大きい」ことを表します。even は，比較対象もすごいけれども，「それよりさらにすごい」という場合に使います。

▶ **competent** [ká(:)mpətənt] 形 **有能な** compete「競争する」と同系語で，「競争するだけの力がある」という意味です。

▶ **explain** [ɪkspléɪn] ～ 他 **～を説明する** 「理解してもらえるようわかりやすく説明する」という意味です。例えばなくしたかばんが「どのようなものかを説明する」という場合には describe ～ を用います。名詞形は explanation「説明」です。

▶ **current** [ká:rənt] 形 **現在の** 「まさに今流れている」というイメージの語です。コンピュータの「カーソル (cursor)」と同系語で，いずれも cur-[走る]が入っています。

▶ **much** [mʌtʃ] **less** [les] ～ 熟 **まして～ない** He cannot read English, much less write it. 「彼は英語が読めない。ましてや書けない」というような文で使います。

▶ **convince** [kənvíns] **O to** (V) 熟 **O に～するよう説得する** con-[強調]＋ -vin-[叩く]→「相手を叩いてこちらの思いどおりにさせる」が原義です。victory「勝利」，victim「犠牲者」などが同系語です。

解答・解説 ▶ p. 82

Per person, Japanese people eat a far greater quantity of seafood than do Americans, and this is thought to contribute significantly to their longer average life expectancy.

(38)

解答・解説 ▶ p. 84

There is far more to life than ever comes to the surface of the world, but most of us often judge things only by their appearances.

解答・解説 ▶ p. 86

Shellfish aquaculture has clearly been shown to be just as ecologically safe as the gathering of shellfish in the wild, and potentially much safer.

40

解答・解説 ▶ p. 88

UNESCO employees have been long devoted to increasing international cooperation in the areas of education, science, and culture, but most have never before been so deeply convinced of the importance of their work.

㊲

▶ **per** [pər] 〜 前 **〜当たり**　percentは，ラテン語 per centum「100当たりに，100につき」からできた語です。日常英語ではperの代わりに twice a day「日に2回」のようにaを用います。

▶ **quantity** [kwá(:)nṭəṭi] 名 **量**　quality「質」に対するものとしての「数，量」の意味です。a large quantity of 〜 なら「大量の〜」の意味になります。

▶ **seafood** [síːfùːd] 名 **(特にエビ・カニ・貝などの) 海産食品**　エビ・カニなどの甲殻類の動物や貝のことはshellfishと言います。

▶ *be* **thought** [θɔːt] **to** (V) 熟 **〜と考えられている**　think O to (V)「Oが〜であると考える」の受動態です。能動態の形より受動態の方がよく使われます。

▶ **contribute** [kəntríbjət] **to** 〜 熟 **〜に貢献する**　➡ ㉓参照

▶ **significantly** [sɪgnífɪkəntli] 副 **かなり**　➡ ㉒参照

▶ **life** [laɪf] **expectancy** [ɪkspéktənsi] 名 **寿命**　日本語では「寿命」というのが普通ですが，英語では「あとどれくらい生きられるか＝余命」を用います。日本語の「余命」は違う意味で使うのが一般的なので，life expectancyの訳は「寿命」とするのが無難です。

㊳

▶ **There** [ðeər] **is more** [mɔːr] **to** *A* **than** 〜 構 **Aには〜以上のものが存在する**　toは，belong to 〜（〜に所属している）に見られるような「所属」を示す前置詞です。この英文の主語はmoreであることに注意してください。

▶ **surface** [sə́ːrfəs] 名 **表面**　the surface of 〜 の形か，あるいは*one's* surface の形で使うことがよくあります。「平らな表面」はa flat surface，「なめらかな表面」はa smooth surface です。

▶ **judge** [dʒʌdʒ] 〜 他 **〜を判断する**　「（人やモノ）を判断する」の意味です。しばしばby 〜 を伴い「〜によって判断する」の形で使われます。名詞も同じ形で，意味は「裁判官」「審判」です。

▶ **appearance** [əpíərəns] 名 **外見**　appearは「現れる」ですから，その名詞形のappearanceは「出現」の意味もあります。the sudden appearance of a car「車が突然現れること」などのように文脈から容易に意味判断が可能です。

▶ **shellfish** [ʃélfiʃ] **名** 貝，（エビ，カニなどの）甲殻類の動物　shell は「殻」の意味で，「ピーナッツの殻」「亀の甲羅」など幅広く用いられます。

▶ **aquaculture** [ǽ:kwəkʌ̀ltʃər] **名** 水産養殖　aqua-［水］+ -culture［養殖］からできた語です。the culture of oysters は「牡蠣の養殖」の意味です。culture は「文化」と訳すこともありますが，本来は「耕されたもの」の意味です。aqualung「アクアラング，潜水用水中呼吸器」は aqua-［水］+ -lung［肺］からできた語です。

▶ **clearly** [klíərli] **副**　clearly は clearly remember「はっきりと覚えている」といった語修飾の場合もありますが，「明らかに〜」といった文修飾の場合もあります。
Clearly, the situation is getting better.「明らかに状況が良くなっている」

▶ **ecologically** [ì:kəlá(:)dʒɪkəli] **副** 生態学的に　ecology「生態学」の副詞形です。「生態学的な観点から言えば」という意味です。

▶ **in the wild** [waɪld] **熟** 天然の，野生の　shellfish in the wild を訳す場合に，「野生の貝」は不適切です。「天然の貝」です。

▶ **potentially** [pəténʃəli] **副** 潜在的に，もしかすると

▶ **safe** [seɪf] **形** 安全な　名詞形は safety です。

▶ **UNESCO** [junéskou] **名** ユネスコ　United Nations Educational, Scientific and Cultural Organization「国連教育科学文化機関」の頭文字を取ったものです。

▶ **employee** [ɪmplɔ́ɪi:] **名** 従業員　employer は「雇う人」，employee は「雇われる人」です。同様に interviewer は「インタビューする人」で，interviewee は「インタビューされる人」の意味です。

▶ *be* **devoted** [dɪvóuṭɪd] **to** 〜　**熟** 〜に専念する　devote *oneself* to 〜 でも同じ意味になります。

▶ **cooperation** [kouà(:)pəréɪʃən] **名** 協力　cooperate「協力する」の名詞形です。「国際協力」は international cooperation と言います。「生協（生活協同組合）」の CO-OP は，この語の派生語 cooperative の省略形です。

▶ *be* **convinced** [kənvínst] **of** 〜　**熟** 〜を確信している　《convince + 人 + of 〜》「人に〜を確信させる」の受動態です。「確信させられている」→「確信している」です。名詞形は conviction で，この中にある -vict- は「叩く」の意味です。con- は強調の接頭辞なので「相手を徹底的に叩くこと」が原義です。victory「勝利」，victim「犠牲者」が同系語です。

第 11 回

解答・解説 ▶ p. 90

I was brought up in London by Japanese parents. Although I was passionately fond of books in my youth, I had no more desire to study English literature than I had to eat fish and chips for dinner, instead of miso soup and rice.

解答・解説 ▶ p. 92

Long ago, people knew that men and women seek happiness. Certainly, our understanding of the physical world expanded beyond belief. However, we do not understand what happiness is any better than the ancient people did.

解答・解説▶p.94

Given that, as a youngster, he had no greater fear than that of appearing on stage in front of a large crowd, it is truly ironic that he eventually became one of Broadway's most renowned and admired actors.

解答・解説▶p.96

This system is prone to sudden failure, and the more the air traffic controllers rely on it, the greater will be the likelihood of the occurrence of a serious accident.

語句チェック ㊶ >>> ㊹

㊶

▶ **passionately** [pǽʃənətli] **副熱烈に，情熱的に**　passion の語源はラテン語 pati 「苦しみに耐える」です。そこから passion が「キリストの受難」という意味で使われるようになり，「受難」が「情熱」に転じました。なお，passion fruit とは，passion flower「花の形がキリストの受難の形に似ていることから名付けられた花：トケイソウ」の中で果実をつけるものの呼び名です。

▶ **desire** [dɪzáɪər] **名欲望**　名詞も動詞も同形です。名詞の場合には have a ～ desire to (V) / have a ～ desire for ... で用いることがよくあります。have no desire to (V) なら「～するのは絶対嫌だ」という強い否定を表します。

▶ **literature** [lítərətʃər] **名文学**　「書かれたもの」が本来の意味です。通例「文学」という訳語でかまいませんが，「文献」と訳す場合もあります。

▶ **fish** [fɪʃ] **and chips** [tʃɪps] **名フィッシュアンドチップス**　魚フライとフライドポテトの盛り合わせで，イギリスの大衆的なファストフードです。

▶ **instead** [ɪnstéd] **of ～ 熟～の代わりに**　not A but B「A でなくて B」で書き換えが可能です。例えば Instead of staying at home, I went shopping. なら I did not stay at home but I went shopping. と同意です。

㊷

▶ **seek** [si:k] **～ 他～を探し求める**　seek は seek happiness「幸福を追求する」，seek advice「忠告を求める」などで使います。不規則変化動詞で，seek - sought - sought に注意してください。また，seek to (V) は「～しようとする」と覚えておいてください。

▶ **physical** [fízɪkəl] **形物理的な**　一般には「物理的な」と訳しますが，人間に関して述べるときには「肉体の，身体の」という訳語を充てます。例えば，a physical phenomenon は「物理的現象」ですが，physical strength は「体力」と訳します。なお，the physical world で「物質世界，物質界」と訳します。

▶ **expand** [ɪkspǽnd] **自膨張する**　文字どおり「（大きさ・量が）膨張する」という意味です。そこから発展して「（重要性・会社などが）大きくなる，拡大する」という意味でも使われます。「～を膨張させる」の意味の他動詞としても使えます。

▶ **beyond** [biɑ́(:)nd] **belief** [bɪlí:f] **熟信じられないほど**　beyond ～ は「～を超えて」の意味です。例えば beyond my understanding ならば「私の理解を超えて」→「私には理解できない」となります。

44

▶ **given** [gívən] **前 ～を考慮に入れると**　後ろには名詞やthat節が置かれます。辞書によっては形容詞の扱いです。

▶ **as** [əz] **～ 前 ～のとき**　前置詞asは通例「～として」の意味ですが，as a child, as a boyなど，人間を意味する名詞を伴った場合「～のとき」の意味にもなります。

▶ **youngster** [jʌ́ŋstər] **名 若者**　a childまたはa young personのやや古風な言い方です。-sterは「～な状態にある人」を意味する接尾語です。

▶ **fear** [fíər] **名 恐怖（感）**　通例不可算名詞扱いですが，具体的な恐怖（感）について用いる際には可算名詞扱いになります。

▶ **appear** [əpíər] **自 登場する**　「舞台やテレビなどに登場する」の意味です。補語を伴う場合には「～に思われる」の意味になることに注意してください。

▶ **ironic** [aɪrá(:)nɪk] **形 皮肉な**　It is ironic that *S' V'*.で「皮肉にも S' V'」の意味です。名詞形はirony「皮肉」です。

▶ **eventually** [ɪvéntʃuəli] **副 最終的に**　「いろいろなことがあったけれど最終的には」の意味です。

▶ **Broadway** [brɔ́:dwèɪ] **名 ブロードウェー**　New York市のManhattan区にある大通りの名前ですが，その通りに一流の劇場が建ち並ぶことから「米国演劇界」を意味します。

▶ **renowned** [rɪnáund] **形 有名な**　「多くの人に称賛されている」という意味での「有名な」です。

▶ **admire** [ədmáɪər] **～ 他 ～を称賛する**　「自分もそうなりたいな」という憧れを抱いた気持ちです。

▶ ***be* prone** [proun] **to (*V*) 熟 ～になりやすい**　pro-［前方］から，「～の方向へ行く傾向がある」という意味です。主に好ましくない傾向の際に使われます。

▶ **failure** [féɪljər] **名 故障**　「（計画などの）失敗」「支払い不能」「機能不全」など，「正常に働かないこと」に幅広く使えます。(a) power failureは「停電」の意味です。

▶ **air** [eər] **traffic** [trǽfɪk] **controller** [kəntróulər] **名 航空管制官**　trafficは「（道路上などを）動いているもの」の総称なので，「空で動いているものを制御する人」が直訳です。

▶ **likelihood** [láɪklihùd] **名 見込み**　likelyの名詞形です。

▶ **occurrence** [əkɔ́:rəns] **名 起きること**　occur「起きる」の名詞形です。occurはアクセントが第2音節にあり，過去・過去分詞形はrを重ねてoccurredとします。これと同様に名詞形もアクセントの位置が同じでrを重ねます。

解答・解説▶ p. 98

People often cite a certain metaphor as a claim for the supposed mellowing effects of advancing age on human personalities; "The older the grape, the sweeter the wine."

_____

_____

_____

_____

(46)

解答・解説▶ p. 100

The further we proceeded into the rainforest, the more difficult the terrain grew, and the slower our progress became.

_____

_____

_____

_____

解答・解説▶ p. 102

The increase in assuredness that accompanies experience — the phenomenon of people's becoming more confident in their decisions the longer they work on particular tasks — has often been noted in the field of management research.

解答・解説▶ p. 104

In this vast desert area, strange as it may seem, scientists have discovered the fossils of ocean fish.

㊺

▶ **cite** [saɪt] 〜 他 **〜を引用する** 「書物や文章などを典拠として引用する」という意味です。citeの語源は「呼び起こす」で，excite 〜 「外へ呼び起こす」→「〜を興奮させる」が同系語です。

▶ **certain** [sə́ːrtən] ＋名詞 形 **ある〜** certainは，普通は「確信している」という意味ですが，名詞の前に置かれた場合は「（話者・筆者が何であるかを確信しているが，あえて名前を出さない）ある〜」という意味で使われます。

▶ **metaphor** [métəfɔ̀ːr] 名 **比喩，暗喩** 日本語でも「メタファー」と言いますね。例えば，米国のことをa melting pot「人種のるつぼ」と表現した場合，a melting potがmetaphorです。

▶ **claim** [kleɪm] 名 **主張** ここでのclaimは「他人が信じないかもしれないことについての主張」を意味します。claimには「当然のこととして要求すること」の意味もあります。日本語の「クレーム」はclaimとは意味が異なります。

▶ **mellow** [mélou] 〜 他 **〜を円熟させる** 「色，音などを柔らかくする」「酒，チーズを芳醇にする」などの意味です。

▶ **effect** [ɪfékt] 名 **効果** 「何かによって引き起こされる具体的な変化」の意味です。a positive effectなら「プラスの効果」，a negative effectなら「マイナスの効果」の意味になります。しばしばhave a(n) 〜 effect on A「Aに対して〜な効果を与える」で使用します。

▶ **advance** [ədvǽns] 自 **進む** 「軍隊などが前に進む」という具体的な「進む」から，「科学技術が進む」という意味にまで幅広く使える語です。名詞も同形でin advanceという熟語は「前もって」という意味です。

▶ **personality** [pə̀ːrsənǽləti] 名 **人柄，個性** a warm personality「温かい人柄」などのように使う語です。似た意味のcharacterは「個性，人格」の意味です。

㊻

▶ **further** [fə́ːrðər] 副 **さらに** farの比較級はfarther「（距離が）さらに遠くに」とfurther「（程度が）さらに」がありますが，現在ではいずれの場合もfurtherを使う傾向にあるようです。特にイギリス英語でその傾向が顕著です。これはfartherがfatherと発音が似ていて混乱するからかもしれません。

▶ **proceed** [prəsíːd] 自 **前へ進む** 「いくつかの段階を踏んで前に進む」という感じの語です。名詞形はprocess「過程」です。

▶ **terrain** [təréɪn] **名地形**　ter- は「土地」の意味です。the Mediterranean Sea は「土地と土地の間にある海」→「地中海」の意味です。

▶ **progress** [prá(:)grəs] **名進展，進歩**　「（会議などの）進展」という意味から「（科学技術などの）進歩」の意味まで幅広く使えます。名詞と動詞は同形ですが，名詞は prog- の部分にアクセントがあり，動詞は -ress の部分にアクセントがあります。

(47)

▶ **increase** [íŋkriːs] **in 〜　熟〜の増加**　日本語では「〜の」ですが，of ではなく in を用いることに注意してください。

▶ **assuredness** [əʃúərdnəs] **名確信すること**　《assure + 人 + that S' V'》「人に S' V' を確信させる」の名詞形です。assure は，as-〔（= ad）方向性〕+ -sure〔確かな〕からできた語です。

▶ **accompany** [əkʌ́mpəni] **〜 他〜に伴う**　ac-〔（= ad）方向性〕+ -company〔仲間〕→「〜の仲間に入る」からできた語です。

▶ **phenomenon** [fəná(:)mənà(:)n] **名現象**　「自然現象」「怪奇現象」などの「現象」です。この意味の場合の複数形は phenomena です。

▶ **(be) confident** [ká(:)nfɪdənt] **in 〜　熟〜を信頼して**　名詞形の confidence は，「信頼」あるいは「自信（自分に対する信頼）」の意味です。

▶ **work** [wəːrk] **on 〜　熟〜に取り組む**　on は「接触」→「意識の集中」と変化します。concentrate on 〜「〜に集中する」の on も同じです。

▶ **note** [noʊt] **〜 他〜を記す，指摘する**　いわゆる日本語の「ノート」は notebook です。note that S' V'「S' V' と指摘する」のように that 節を伴うこともあります。

▶ **management** [mǽnɪdʒmənt] **research** [rísəːrtʃ] **名経営研究**　《名詞 + 名詞》からできた慣用句です。research は不可算名詞の扱いです。

(48)

▶ **vast** [væst] **形広大な**　va- は「空っぽ」の意味です。同系語の vacation「休暇」は，皆が家を空けてどこかへ出て行くことです。vacant「空いている」は，a vacant lot「空き地」などで使われます。vast は，元は何もない広大な土地を表しましたが，現在では建物が密集している広大な土地に対しても使えます。

▶ **desert** [dézərt] **形砂漠の**　同形の動詞 desért 〜「〜を見捨てる」から，「見捨てられた土地の」が原義です。

▶ **fossil** [fá(:)səl] **名化石**　ラテン語 fodio-〔掘り出す〕+ -ilis〔されたもの〕から。a living fossil「生きた化石」，a dinosaur fossil「恐竜の化石」，fossil fuel「化石燃料」などで使います。同系語の Fossa Magna「フォッサマグナ，中央地溝帯」は，Fossa〔掘られた〕+ Magna〔大きい〕からなる語です。

第 13 回

解答・解説 ▶ p.106

Incredible as it may seem, South America, Africa, Arabia, Madagascar, India, Australia, and Antarctica were all once actually joined together in an ancient supercontinent referred to as Gondwana.

_____

_____

_____

_____

_____

50

解答・解説 ▶ p.108

In the history of medical science, the acquisition of a detailed knowledge of human anatomy was a huge leap forward.

_____

_____

_____

_____

_____

次の英文の日本語訳を書きなさい。そのとき，あなたが英文をどう読みとったのかがよく伝わるようにすること。語句の意味がわからない場合は，次のページにヒントがありますので，参考にしてもかまいません。

解答・解説 ▶ p.110

The release by the National Police Agency of video footage of the suspect's interrogation was a major influence in the hardening of public opinion regarding the nature of the terrible crime.

52

解答・解説 ▶ p.112

The protection of the Amur leopard from poaching by local villagers has proven to be an extremely difficult undertaking, and success would still seem to be a long way off.

㊽

▶ **incredible** [ɪnkrédəbl] 形**信じられない**　cred-［信用］＋ -ible［できる］に，否定を示すin-が付いてできた語です。文字どおり「信用できない」という意味です。似た意味の語にunbelievableがあります。

▶ **Antarctica** [æntάːrktɪkə] 名**南極大陸**　ant-［反対］＋ -arctic［(＝ Arctic) 北極地方］から。

▶ **join** [dʒɔɪn] ～ **together** [təgéðər] 熟**～を一緒につなぐ**　「2つ以上のものを，ひもや接着剤などでつなぐこと」を意味します。The two metal pieces were joined together with glue.「その2つの金属片はボンドで接合された」

▶ **supercontinent** [sùːpərkά(ː)ntənənt] 名**超大陸**　super-［超えた］＋ -continent［大陸］から。米国の漫画や映画の主人公Supermanも同系語ですね。

▶ **refer** [rɪfə́ːr] **to** *O* **as** *C* 熟*O*を*C*と呼ぶ　regard *O* as *C*「*O*を*C*と見なす」と同様に，補語にasを付ける特殊構文です。

㊾

▶ **medical** [médɪkəl] **science** [sáɪəns] 名**医学**　medicine 1語でも「医学」の意味になりますが，これはもう少し硬い表現です。

▶ **acquisition** [æ̀kwɪzíʃən] 名**獲得**　acquire ～「～を獲得する」の名詞形です。

▶ **detailed** [díːteɪld] 形**詳細な**　detail「細部，詳細」の形容詞形です。

▶ **knowledge** [nά(ː)lɪdʒ] 名**知識**　know ～「～を知っている」の名詞形です。目的語を示すofを伴うこともあります。a knowledge of anatomy「解剖学の知識」

▶ **anatomy** [ənǽtəmi] 名**解剖学，(解剖学的観点から見た) 人体**　ana-［とことん］＋ -tomy［切る］→「とことん切り刻む」からできました。同系語にatom「原子 (a-否定：もうこれ以上切れないもの)」があります。

▶ **huge** [hjuːdʒ] 形**巨大な**　「強い印象を与えたり，恐怖を与えるほどサイズが大きいこと」を意味します。

▶ **leap** [liːp] 名**跳躍，大躍進**　元は「跳躍」ですが，そこから「大幅な増加」や「大きな変化」の意味になりました。a quantum［great / huge］leapの形で頻出です。

㊿

▶ **release** [rɪlíːs] 名**公開**　同形の動詞release ～「(情報, 映画など) を公開する」の名詞形です。元は「～を解き放つ」の意味です。

▶ **the National** [nǽʃənəl] **Police** [pəlíːs] **Agency** [éɪdʒənsi] 名 **警察庁**　日本の各都道府県にある警察のことを愛知県警，大阪府警などと言います。例外は東京都の場合で，東京都警とは言わず警視庁と言います。こうした各都道府県の警察を監督するのが警察庁です。

▶ **footage** [fútɪdʒ] 名 **映像**　映画のフィルムの長さをフィートで数えたことからできた語です。old footage from the Second World War「第2次世界大戦の古い映像」

▶ **suspect** [sʌ́spekt] 名 **容疑者**　動詞 suspect と同形ですが，アクセントの位置は異なります。動詞は -pect にアクセントがありますが，名詞は sus- にあります。

▶ **interrogation** [ɪntèrəgéɪʃən] 名 **尋問**　inter-［間に］＋ -rogate-［質問する］→「話の間に入って質問する」からできた語です。警察の取り調べのイメージです。

▶ **hardening** [hɑ́ːrdənɪŋ] 名 **硬直させること**　harden ～「～を硬くする」の名詞形です。en- は語の前後について動詞を作ります。enjoy ～「～を楽しむ」も同様です。

▶ **public** [pʌ́blɪk] **opinion** [əpínjən] 名 **世論**　「公の意見」が直訳です。不可算名詞として使います。the force of public opinion「世論の力」

▶ **regarding** [rɪgɑ́ːrdɪŋ] ～ 前 **～に関して**　regard ～「～を見る」が動名詞になり，それが前置詞に変化した語です。

▶ **crime** [kraɪm] 名 **犯罪**　個々の犯罪を意味する場合は可算名詞で，犯罪全般を意味する場合は不可算名詞の扱いです。combat crime「犯罪と闘う」

(52) ────────────────────────────

▶ **protection** [prətékʃən] **of A from B** 熟 **AをBから守ること**　protect A from B「AをBから守る」の名詞形です。

▶ **the Amur** [ɑːmúər] **leopard** [lépərd] 名 **(種族全体としての)アムールヒョウ**　朝鮮半島，中国東北部，ロシア沿海地方に自然分布するヒョウ。環境破壊や毛皮目的の狩猟により激減し，現在絶滅危惧種に指定されています。

▶ **poaching** [póʊtʃɪŋ] 名 **密猟，密漁**　poach ～「(他人の土地で)～を密猟［密漁］する」の名詞形です。pouch「小物入れ」とは別語源の語です。

▶ **local** [lóʊkəl] 形 **地元の**　「ある特定の地域に限られた」という意味です。例えば，a local tennis club「地元のテニスクラブ」，a local earthquake「局地的地震」です。

▶ **prove** [pruːv] **(to be)** ～ 自 **～と判明する**　prove は他動詞として目的語をとる場合には「～を証明する」の意味ですが，自動詞として補語をとる場合には「～だとわかる，判明する」の意味になります。

▶ **undertaking** [ʌ̀ndərtéɪkɪŋ] 名 **大変な仕事**　undertake ～「(責任，地位，仕事など)を引き受ける」の名詞形で「引き受けた大変な仕事」の意味です。

▶ **a long** [lɔ(ː)ŋ] **way** [weɪ] **off** 熟 **随分と先で**　物理的な「先」から時間的な「先」まで使われます。

㊼

解答・解説▶ p.114

Showing respect for the rights and opinions of others is interesting in its resemblance to the tact and forbearance that are required by rules of etiquette in many different cultures.

㊾

解答・解説▶ p.116

A mother's love for her child, love which is completely altruistic, is one of the strongest emotions one can experience, and all the more deceptive because of the ease with which many mothers are able to love their children.

解答・解説 ▶ p. 118

The correspondence of the adoptee's DNA profile with those of members of two families in the Bordeaux region offers an important clue to her likely biological origins.

56

解答・解説 ▶ p. 120

Our grandfather believes in the superiority of wisdom, by which he means knowing what helps you lead a happy and moral life, over mere learning.

⑤③

▶ **respect** [rɪspékt] **for 〜** 熟**〜に対する敬意** have / show respect for 〜 の形でよく出てきます。

▶ **right** [raɪt] 名**権利** 「正しいこと」→「権利として主張しても正しいこと」からできた語です。a basic human right「基本的人権」

▶ **resemblance** [rɪzémbləns] **to 〜** 熟**〜との類似** resemblance は resemble 〜「〜に似ている」の名詞形です。resemble は re-［反復→強調］+ -semble［(= same) 同じ］からできた語です。他動詞であることに注意してください。

▶ **tact** [tækt] 名**機転** 人の気分を害さないように頭を回転させることです。his lack of tact なら「彼は気が利かないこと」の意味です。touch 〜「〜に触る」と同系語で「状況をさっと感じ取ること」からできた語です。

▶ **forbearance** [fɔ:rbéərəns] 名**寛容, 忍耐** 「相手が何か間違ったことをしたときに, 相手の気持ちを汲んで, その行為を大目に見る寛容さ」のことです。動詞形forbear 〜「〜を思いとどまる」は, for-［強意］+ -bear［耐える］からできた語です。

▶ **require** [rɪkwáɪər] **〜** 他**〜を要求する** need は通例人を主語にしますが, require は人より物を主語にすることが多い語です。The job requires patience.「その仕事は忍耐を必要とする」

⑤④

▶ **altruistic** [æltruístɪk] 形**利他的な** altrui-［他］からできた語で, 「他のためになるように行動する性質の」の意味です。alter 〜「他のものにする」→「〜を変える」は同系語です。名詞形の altruism「利他主義」は egoism「利己主義」の対義語です。

▶ **emotion** [ɪmóʊʃən] 名**感情** e-［(ex-) 外］+ -motion［動き］から, 「心の動きが外に出ること」が原義です。喜怒哀楽などの feeling より強い感情を表します。「喜怒哀楽を表現する」という日本語は express one's emotions と表現します。なお, emotion の対義語は reason「理性」です。

▶ **deceptive** [dɪséptɪv] 形**人を欺くような** deceive 〜「〜をだます」の形容詞形がdeceptiveです。deceptively slow は「本当は速いのに, それを隠してまるで遅いような感じを与える」という意味です。例えば, ヘビがカエルを襲うときの様子をイメージしてください。本問では, 「母親が簡単に子供に愛を注ぐから, 周りにいる者にはそれがそれほど強いものには見えない」ということを意味しています。

▶ **correspondence** [kɔ̀(ː)rəspá(ː)ndəns] **(with ～)** 名 **(～と）一致すること**
cor- [（= together）共に] + -respondence [反応] から，「互いに反応すること」か
らできた語です。動詞形は A correspond with B「A が B に一致する」です。

▶ **adoptee** [ədɑ(ː)ptíː] 名 **養子** adopt ～「～を養子にする」の派生語です。-ee は
「～された人」の意味を作る接尾辞です。対義語は adopter「養子を迎える人」です。

▶ **DNA** [dìːenéɪ] **profile** [próufaɪl] 名 **DNA 型鑑定の結果**

▶ **the Bordeaux** [bɔ̀ːrdóu] **region** [ríːdʒən] 名 **ボルドー地方** フランスのワイ
ンの産地（特にカベルネ・ソーヴィニヨンというブドウ品種で作ったワインで有名）
でも有名な地域です。

▶ **clue** [kluː] **(to ～)** 名 **(～への）手がかり** この to は前置詞なので，後ろには
名詞か動名詞が置かれます。an important clue to solving the mystery「その謎を解決
するための重要な手がかり」

▶ **biological** [bàɪəlá(ː)dʒɪkəl] 形 **生物学的な** biology「生物学」の形容詞形です。

▶ **origin** [ɔ́(ː)rɪdʒɪn] 名 **起源** 数学で使われる x y 平面の原点 O（オー）は origin の O
を表しています。

▶ **believe** [bɪlíːv] **in ～** 熟 **～を信じている** 他動詞の believe ～ は，目的語に
「人」を置いた場合は，「人の言うことを信じている」の意味になり，believe that S'
V' の場合は「S' V' を信じている」の意味です。一方 believe in ～ は「～の存在，価値
などを信じている」の意味で，believe in you なら「君の力を信じている」の意味です。

▶ **superiority** [supìəriɔ́(ː)rəti] 名 **優越，優位** superior「優れた，まさった」の名
詞形です。北アメリカ東部の五大湖の一つに，Lake Superior「スペリオル湖」があ
ります。

▶ **wisdom** [wízdəm] 名 **知恵** wise「賢な」の名詞形です。人生経験から得られる
「知恵」のことです。a wisdom tooth は「（歯の）親知らず，知恵歯」という意味です。

▶ **lead** [liːd] **a ～ life** [laɪf] 熟 **～な生活を送る** lead の代わりに live を使っても
同じ意味です。

▶ **moral** [mɔ́(ː)rəl] 形 **道徳的な** 名詞の「道徳」も同形で，副詞形は morally です。

▶ **learning** [lə́ːrnɪŋ] 名 **学習** ここでの learning は「学習，習得」の意味です。例え
ば a computer-assisted learning「コンピュータを利用した学習」のように使われます。
learning には「学問，学識」の意味もあり，例えば a man of learning「学識のある人，
学者」，have wide learning「広い知識を持っている」のように使われます。

解答・解説 ▶ p. 122

The government says that deepfakes could pose the biggest threat our society has ever faced.

58

解答・解説 ▶ p. 124

His lectures are usually given using relatively simple language, which makes the content much easier for students to understand than they would be able to were his terminology replete with technical jargon mostly known only to specialists.

解答・解説▶p.126

Our technical support line is open 24 hours a day, 365 days a year. Should you encounter any difficulty in installing the system, please be sure to contact us at any time.

解答・解説▶p.128

A variety of tools included in this application make it possible to quickly perform tasks that would otherwise be significantly time-consuming.

語句チェック (57) >>> (60)

(57)

▶ **deepfake** [díːpfeɪk] **名 ディープフェイク** 画像や動画の人物の顔を有名人などの顔に差し替えて，あたかもその人が話しているかのように感じさせる本物と見間違うような偽動画を指します。

▶ **pose** [pouz] **〜 他 〜を引き起こす** 「(問題，脅威など) を引き起こす」という意味です。pose a danger / a risk / a threat to 〜 で「〜に危険／リスク／脅威を引き起こす」の意味です。

▶ **threat** [θret] **名 脅威** pose a threat to 〜「〜へ脅威を与える」の形でしばしば使われます。動詞形はthreaten 〜「〜を脅(おびや)かす，脅(おど)す」です。

▶ **face** [feɪs] **〜 他 〜に直面する** 「困難や問題などの嫌なことに直面する」という意味です。*be* faced with 〜「〜に直面している」の形でも使います。

(58)

▶ **relatively** [réləṭɪvli] **副 比較的** relative「相対的な」の副詞形です。「他のものに比べれば」という意味です。

▶ **content** [ká(:)ntent] **名 内容** contain 〜「(容器などに) 〜を含める，含有する」の派生語で「中に入ったもの」を指します。形容詞も同形です。*be* content with 〜で「〜に満足している」の意味です。名詞はcon- にアクセントがありますが，形容詞は-tentにアクセントがあります。

▶ **terminology** [tə̀ːrmənɑ́(:)lədʒi] **名 用語** 1つ1つの用語はa termで，それを集めたものがterminologyです。classical music terminology「クラシック音楽の用語」

▶ **replete** [rɪplíːt] **(with 〜) 形 (〜で) 満ちた** re-［反復→強調］+ -ple［満たす］からできた語です。supplement「サプリメント，栄養補助食品」が同系語です。*be* replete with 〜 で「〜で満ちている」の意味ですが，これはかなり硬い語で，日常では*be* full of 〜 を使います。

▶ **technical** [téknɪkəl] **形 専門的な** 「(本や言葉などが) 専門的な」の意味です。「技術的な」という意味でも用いられます。technical assistance「技術援助」

▶ **jargon** [dʒɑ́ːrgən] **名 (特定分野の) 専門用語** 「部外者にはわかりづらい専門用語」の意味で，不可算名詞です。medical jargonなら「医学用語」の意味です。元々は「(何を言っているかわからない) 小鳥のさえずり」の意味でした。

▶ **mostly** [móustli] **副 大部分** ある集団の大部分，あるものの大部分という意味です。Our customers are mostly elderly people.「うちの顧客はほとんどがお年寄りだ」

▶ **technical** [téknɪkəl] **support** [səpɔ́ːrt] 名技術支援，テクニカルサポート
「メーカーあるいは製品の販売者が，製品購入者に提供する技術的な問題に関するサービス」のこと。「テクニカルサポート」で日本語になっていますが，英文和訳の問題では日本語にした方がよいでしょう。

▶ **open** [óupən] 形営業中の，（マイクなどが）すぐに使える　openは同形で動詞もありますが，これは形容詞です。

▶ **encounter** [ɪnkáuntər] ～ 他～に遭遇する　やや硬い単語です。口語では主にrun into ～ やcome across ～ を使います。

▶ **difficulty** [dífɪkəlti] 名困難　形容詞difficultと同じ位置にアクセントがあります。difficulty in ～ で「～における困難」です。

▶ **install** [ɪnstɔ́ːl] ～ 他～を導入する，インストールする　コンピュータ関連用語としては頻出語ですね。「(自動販売機など) を設置する」という場合にも使えます。

▶ **Be sure** [ʃuər] **to** (V). 熟忘れずに～しなさい。　一般に be sure to (V) は「(話し手の確信を示して) きっと～する」の意味で用いますが，命令文の場合はこの意味になります。

▶ **contact** [kɑ́(ː)ntæ̀kt] ～ 他～と連絡をとる　他動詞であることに注意してください。

▶ **a variety** [vəráɪəti] **of ～** 熟さまざまな～　通例複数扱いで，ときに単数扱いにもなります。

▶ **include** [ɪnklúːd] ～ 他～を含む　「(全体の一部として)～を含む」という意味です。「旅費にはホテル代が含まれる」「値段には消費税が含まれる」といった「含まれる」の意味に対応します。しばしば be included in ～「～に含まれる」で使います。contain ～「(有形のもの，固体，液体，気体が) ～を含んで」とは区別しましょう。

▶ **application** [æ̀plɪkéɪʃən] 名アプリケーション，アプリ　この意味の場合はカタカナのままでよいでしょう。今ではappと書くことも多いですね。

▶ **perform** [pərfɔ́ːrm] ～ 他～を行う　「(難しいこと，有用なこと) を行う」の意味で使います。perform an operation なら「手術を行う」です。

▶ **otherwise** [ʌ́ðərwàɪz] 副そうでなければ　通例，文頭に置かれますが，文末や助動詞のあとに置かれることもあります。

▶ **significantly** [sɪɡnífɪkəntli] 副かなり　➡ 22参照

▶ **time-consuming** [táɪm kənsjùːmɪŋ] 形時間がかかる，時間を消費する

解答・解説▶p.130

Teachers from abroad often describe public education in Japan as negative. More than just competitive, Japanese education is stressful, the argument goes, and it overemphasizes memorization.

62

解答・解説▶p.132

A mission carrying human beings to Mars and back, NASA engineers have claimed, could be achieved within the next 10 to 20 years, assuming, of course, that the government provides sufficient funding.

次の英文の日本語訳を書きなさい。そのとき，あなたが英文をどう読みとったのかがよく伝わるようにすること。語句の意味がわからない場合は，次のページにヒントがありますので，参考にしてもかまいません。

解答・解説▶p.134

Meteorologists forecast significant rainfall throughout the next few weeks — a comforting prediction since the recent hot weather and drought have created extremely serious problems for local farmers.

解答・解説▶p.136

Peter was assigned to do research on earthquakes and spent the next six years working as a geologist, a posting that he welcomed, and he was a fine choice.

⑥①

▶ **describe** [dɪskráɪb] *O* **as** *C* 熟 **OをCと述べる** 「～を描写する」という硬い日本語よりも「～がどのようなものか説明する」という訳語の方がピッタリです。

▶ **negative** [négətɪv] 形 **否定的な，好ましくない** 日本語でも「ネガティブ」と言いますね。対義語はpositive「肯定的な」です。negative thinkingといえば「否定的に考えること」ですね。皆さんはpositive thinkingでお願いします。

▶ **competitive** [kəmpéṭətɪv] 形 **競争的な** 動詞形はcompeteで「競争する」です。「誰と」競争するのかはwithで示し，「何を求めて」競争するのかはforで示します。名詞形はcompetitionです。日本語でも「ゴルフのコンペ」などという言い方をしますね。

▶ **stressful** [strésfəl] 形 **ストレスがたまる** 物，事を主語にして使います。
Our work is stressful.「私たちの仕事はストレスがたまる」

▶ **argument** [á:rgjumənt] 名 **主張** 動詞のargueは，好き勝手に「言い争う」という意味です。《argue with + 人 + about + 事柄》のように使います。ただしargue that *S' V'* の場合には「S' V'と主張する」という訳が妥当です。

▶ **overemphasize** [òuvərémfəsàɪz] 他 **～を過度に重視する** over- は「やりすぎ」を意味し，overestimate ～「～を過大評価する」，overuse ～「～を酷使する」のように使われます。

▶ **memorization** [mèmərɪzéɪʃən] 名 **暗記** memorize ～「～を暗記する」の名詞形です。

⑥②

▶ **mission** [míʃən] 名 **（宇宙飛行）任務** 原義は「送られた者」で，「派遣団，使節団，布教」の意味もあります。mission schoolというのは「布教のために建てられた学校」の意味です。現在では「軍事の特別任務，宇宙飛行任務」などの意味でも使います。

▶ **claim** [kleɪm] **(that)** *S' V'* 他 **S' V'と主張する** 「特に真偽が定かでないことについて主張する」という意味です。

▶ **achieve** [ətʃí:v] 他 **～を達成する** 「（目標など）を達成する」から「（名声など）を得る」「（仕事）を成し遂げる」まで，さまざまな意味で使います。

▶ **assume** [əsjú:m] **(that)** *S' V'* 他 **S' V'と想定する** 「（根拠はないが）～と想定する」，「～を当たり前のことと思う」という意味です。as-［方向性］+ -sum-［と

る］から「〜を（あまり考えずに）とる」が原義です。

▶ **sufficient** [səfíʃənt] 形 **十分な**　enough の硬い言い方です。

▶ **funding** [fʌ́ndɪŋ] 名 **資金**　「クラウドファンディング（crowdfunding：インターネットを通じて不特定多数の人から出資を求めること）」の funding です。

㉖

▶ **meteorologist** [mìːṭiərá(ː)lədʒɪst] 名 **気象学者**　meteorology「気象学」の派生語です。meteor(o)-［流星］ + -logy［学問］からできた語です。

▶ **forecast** [fɔ́ːrkæ̀st] 〜 他 **〜という予報を出す**　fore-［前方］ + -cast［投げる］からできた語です。名詞形も同形です。weather forecast で「天気予報」の意味です。

▶ **significant** [sɪɡnífɪkənt] 形 **（数量が）かなりの**　「（特に将来的に）重要な（影響力を持つ）」の意味でよく使われますが，数量において「かなりの」の意味でも用いられます。

▶ **prediction** [prɪdíkʃən] 名 **予測**　predict 〜「〜を予測する」の名詞形です。

▶ **drought** [draut] 名 **干ばつ**　dry「乾いた（→水がない）」，drink「飲む（→水を飲み込む）」，drain「排水する」などが同系語です。発音にも注意してください。

▶ **local** [lóukəl] 形 **地元の**　日本語の「ローカル」は英語の local とは意味が少し異なるので注意してください。

㉗

▶ **assign** [əsáɪn] **＋人＋ to（V）** 熟 **人に〜するように命じる**　仕事や義務などを人に割り当てるの意味です。be assigned to（V）で「〜するように命じられる」という意味で使われます。名詞形の an assignment は「割り当て（られたもの）」の意味で，アメリカ英語では「宿題」の意味でも使います。

▶ **do** [duː] **research** [rísəːrtʃ] **on 〜** 熟 **〜について研究する**　research は動詞でも使いますが，多くの場合は名詞で使われます。また通例不可算名詞の扱いです。

▶ **geologist** [dʒiá(ː)lədʒɪst] 名 **地質学者**　geo- は「土」を表し，log は「論理」から，geology は「地質学」です。George と Georgia という名前をあえて日本語に訳せば「土男」と「土女」でしょうか。

▶ **posting** [póustɪŋ] 名 **〈主にイギリス英語〉（職務・軍務の）任命**　posting には「郵送，投函；投稿」の意味もあるので注意してください。

▶ **choice** [tʃɔɪs] 名 **選択（されたもの）**　choose 〜「〜を選ぶ」の名詞形です。本問では「誰が誰を選んだのかな」と考えることがポイントです。

⑥⑤

解答・解説 ▶ p. 138

The actions of men are said to be governed by the faculty of reason, those of women by the faculty of instinct, but this kind of stereotype distorts our way of thinking.

⑥⑥

解答・解説 ▶ p. 140

The idea that humans are the center of the universe and all other species exist only for the benefit of them, though contradictory to practical experience, is still a widespread, if often not acknowledged, one.

次の英文の日本語訳を書きなさい。そのとき，あなたが英文をどう読みとったのかがよく伝わるようにすること。語句の意味がわからない場合は，次のページにヒントがありますので，参考にしてもかまいません。

解答・解説▶p.142

While people living in this area have numerous expressions for "I'm sorry," they have no equivalent of the English "It's your fault." That is a foreign, if not unimaginable, concept to them.

解答・解説▶p.144

The committee's responses to her many proposals seem to vary widely, to say the least. It may decide to implement them as proposed, or not in any way at all.

⑥⑤

▶**action** [ǽkʃən] 名 **行為** actは「ある特定の行為」を指しますが，actionは「一定期間に及ぶ行為全体」を指すのが普通です。

▶**govern** [gʌ́vərn] 〜 他 **〜を支配する** 「(国家，政党などが人民など) を支配する」から，「(法則，要因などが状況など) を左右・支配する」まで幅広く使える語です。government「政府」は「支配している所」が元々の意味です。

▶**faculty** [fǽkəlti] 名 **能力** fac-は「作る」の意味ですから，「神がお作りになったもの」→「生まれながらの能力」が基本的な意味です。例えばour faculty of hearingで「聴力」の意味になります。ここでの意味は「能力」なので，p.36で取り上げた「教員」と間違わないようにしてください。

▶**stereotype** [stériətàɪp] 名 **固定観念** 前時代的な「ある事柄 [物] や人に対する固定的な見方」のことです。

▶**distort** [dɪstɔ́ːrt] 〜 他 **〜を歪める** dis-[分ける] + -tort [歪める] から「バラバラにして歪める」感じの語です。torture「拷問 (人間の身体を歪めること)」，tortoise「(陸生の) カメ (手足が曲がっていることから)」などが同系語です。

⑥⑥

▶**for the benefit** [bénɪfɪt] **of 〜** 熟 **〜の利益のために** bene- が「恩恵」の意味です。名詞のbenefitは「利益」の意味では不可算名詞で，gain [get] benefit「恩恵を受ける」のように使います。動詞も同形で S benefit from 〜 で「Sは〜から恩恵を得ている」の意味です。

▶**contradictory** [kà(ː)ntrədíktəri] **to 〜** 熟 **〜と矛盾した** 動詞のcontradict 〜 はcontra-[逆の] + -dict [言う] から「〜と逆のことを言う」が本来の意味で，そこから「〜と矛盾する」の意味になりました。The teachers' explanations contradicted each other.「その先生たちの説明は互いに矛盾したものであった」

▶**practical** [prǽktɪkəl] 形 **実際の，現実的な** theoretical「理論上の」の対義語です。a physician with little practical experienceは「臨床経験の浅い医者」の意味です。この例でのpractical experienceとは「医学書を読むだけではない，実際の患者に向き合った経験」という意味です。

▶**acknowledged** [əkná(ː)lɪdʒd] 形 **(人・事実などが) 広く世に認められた** 動詞形は acknowledge 〜「〜を認める」です。そこから「(自分の過失・事実など) を知って認める」という意味に発展しました。それ以外にも「(重要性など) を認め

る」の意味で使います。

(67)

▶ **numerous** [njúːmərəs] 形 多数の ➡ ㉞参照

▶ **equivalent** [ɪkwívələnt] 名 同等のもの　equi-［同じ］+ -val-［価値］からでき
た語です。the equivalent of ～ で「～に相当するもの」の意味です。形容詞も同形で
be equivalent to ～「～に匹敵する」の形でよく用いられます。

▶ **It is *one's* fault** [fɔːlt]. 熟 それは～の責任だ。　通例 fault には「失敗，欠点」
という訳語を充てますが，It is *one's* fault. の場合は「それは～の失敗だ」→「それは
～の責任だ」と訳します。

▶ **foreign** [fɔ́(ː)rən] 形 異質な　foreign は「異質な」という意味から「外国の」とい
う意味へと発展しました。a foreign object で「異物」の意味です。

▶ **concept** [ká(ː)nsèpt] 名 概念　動詞形の conceive ～ は「～の全体像を漠然と思い
浮かべる」という意味です。この動詞の名詞形は2つあります。1つは conception
「漠然と考えること，漠然と考えたもの」で，もう1つが concept です。この語は
conception が生まれてから約200年後に登場しました。concept は「漠然と考えられ
た全体像」が原義です。

(68)

▶ **committee** [kəmíti] 名 委員会，委員　commit *A* to *B* は「A をどっぷりと B に充
てる」という意味です。また ee で終わる語は「～される人」の意味なので committee
は「～にどっぷり充てられている人」が原義で，「何かを処理するために作られた会
で役目を務める人々」の意味です。それがさらに発展して「委員会」の意味になりま
した。

▶ **proposal** [prəpóuzəl] 名 提案　「（公式の）提案」の意味です。put forward a
proposal for ceasefire ならば「停戦の提案をする」の意味です。動詞形は propose ～
「～を提案する，（結婚）を申し込む」です。

▶ **vary** [véəri] 自 さまざまである　Guitar prices vary a lot. なら「ギターの値段はピ
ンからキリまである（実にさまざまだ）」の意味です。

▶ **to say** [seɪ] **the least** [liːst] 熟 控え目に言っても　「最小限を言えば」が直訳
です。Your behavior at that time was, to say the least, unusual.「あのときの君の行動
は，控え目に言っても異常だった」

▶ **implement** [ímplɪmènt] ～ 他 （計画，政策など）を実行する　im-［中を］+
-ple-［満たす］+ -ment［もの］からできた語です。硬い文で implement a policy / a
plan「政策／計画を実行する」などで使います。

解答・解説 ▶ p. 146

Hoping to learn about some of the many secrets of Julie's success, I have spoken to her often lately, but never without realizing later that I had actually learned almost nothing at all about any one of them.

70

解答・解説 ▶ p. 148

When asked by a reporter whether he was planning to become a candidate in the next presidential election, he looked as if about to break into a fit of laughter at the absurdity of the notion.

次の英文の日本語訳を書きなさい。そのとき，あなたが英文をどう読みとったのかがよく伝わるようにすること。語句の意味がわからない場合は，下と次のページにヒントがありますので，参考にしてもかまいません。

解答・解説▶ p.150

The most promising area in which to search for the roots of football would appear to be that of the ancient human activity of hunting, but no serious research in this area has yet been conducted.

語句チェック ⑥⑨ >>> ⑦①

▶ **learn** [lə:rn] **about ~** 熟 **〜について学ぶ**　learn ~ は「（技能や言語など）を習得する」で，learn about ~ は「（知識として）〜について知る」という意味です。

▶ **lately** [léɪtli] 副 **近頃**　recently より口語的な言い方です。現在完了と共に使うのが普通です。しばしば文末に置かれます。

▶ **later** [léɪʈər] 副 **あとで**

▶ **almost** [ɔ́ːlmòʊst] **nothing** [nʌ́θɪŋ] 熟 **ほとんど何も〜ない**　almostは副詞なので名詞を修飾することはありません。× almost［○ most］students「ほとんどの学生」　ところが，everything, nothingなどのeveryやnoなどの形容詞的要素を含む名詞は修飾することが可能です。

▶ **at all** [ɔːl] 熟 **（否定語を伴って）まったく〜ない**

▶ **reporter** [rɪpɔ́:rtər] 名 **記者**　動詞の report 〜 は「〜を報道する」という意味です。journalist「ジャーナリスト」は, 記者以外の編集者や寄稿者なども含む幅広い意味です。

▶ **candidate** [kǽndɪdèɪt] 名 **候補者**　「白い, 輝く」が原義の candle「ロウソク」と同じ語源で, 昔, ローマでは選挙に出る人は白い服を着ていたことに由来する語です。a candidate for 〜 は「〜の候補（者）」の意味です。例えば a candidate for the Nobel Prize for chemistry「ノーベル化学賞候補」という意味になります。また, a candidate (for 〜)で「（〜に）なりそうな人［もの］」の意味もあり, プラスイメージにもマイナスイメージにも使えます。

▶ **presidential** [prèzɪdénʃəl] 形 **大統領に関わる**　president「大統領」の形容詞形です。the presidential election は「大統領選挙」の意味で, a presidential year は「大統領選挙の年」の意味です。

▶ **(be) about** [əbáut] **to (V)** 熟 **まさに〜しようとする**　be to (V)「〜することになる」の to (V) の前に副詞 about が付いた形です。「もう少しで to (V) に至る」ということを表しています。

▶ **break** [breɪk] **into** 〜 熟 **急に〜し始める**　break into laughter なら「急に笑い出す」, break into tears なら「急に泣き出す」の意味です。

▶ **a fit** [fɪt] **of** 〜 熟 **〜の発作, 〜の激発**　a fit of anger は「かっとなること」の意味です。

▶ **absurdity** [əbsə́:rdəti] 名 **ばかげていること**　absurd「ばかげた」の名詞形です。

▶ **promising** [prá(:)məsɪŋ] 形 **(将来) 有望な**　「将来が約束されている」から「有望な」という意味で使われます。a promising new player「有望な新人選手」

▶ **search** [sə:rtʃ] **for** 〜 熟 **〜を捜索する**　通例は《search（＋探す場所）＋for＋探すもの》で使います。《search＋探す場所を示す副詞句＋for＋探すもの》の形で使うこともあります。本問は後者の形です。

▶ **appear** [əpíər] **to be** *C* 熟 *C***に見える**　seem to be C（補語）とほとんど同じですが, appear to be C の方は, しばしばあとに but, however を伴います。つまり「見た目は〜なんだけど, 実は…」という文脈で使われることが多いのです。

▶ **conduct** [kəndʌ́kt] **research** [rísə:rtʃ] 熟 **研究を行う**　この意味での research は不可算名詞として扱うのが通例です。conduct a study とは区別してください。

Obunsha

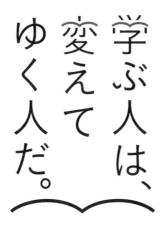

学ぶ人は、
変えて
ゆく人だ。

目の前にある問題はもちろん、

人生の問いや、

社会の課題を自ら見つけ、

挑み続けるために、人は学ぶ。

「学び」で、

少しずつ世界は変えてゆける。

いつでも、どこでも、誰でも、

学ぶことができる世の中へ。

旺文社

大学受験のための 英文熟考 ⓣ［改訂版］

はじめに

　『英文熟考（上）』では，英文を読む際に最低限必要な基本を徹底しました。やり終えた読者の皆さんは，英文の読み方がずいぶんと変わったことでしょう。もう，「同格の that」なんて言うこともないでしょうね。「テキトー」に単語をつなげて幸せ一杯，ということもないでしょう。でも，まだまだ安心してはいけません。きっと解説の中で読み飛ばしてしまった大切なポイントがあるはずです。必ずもう一度，繰り返してみてください。『英文熟考（下）』では，（上）で述べたことをベースにして，さらに発展した内容を扱っていきます。倒置形，強調構文，複雑な関係代名詞，比較，名詞構文，仮定法，省略といった，英語の嫌いな人なら悲鳴を上げそうな分野ばかり扱います。でも安心してください。まずは講義音声を聴いて，「何が一番大切か」ということを実感してみてください。そして解説を「なめるように」読んでください。読んでいけば，「英語の深みと面白み」が分かってくると思います。そして，倒置形などの分野のことがしっかり理解できれば，もはや「英語が苦手」なんかではなくなり，「英語は得意」と言えるようになるでしょう。英語は，国際語と言われています。それには様々な理由があるかもしれませんが，英語の規則が比較的簡単であることがその理由の中にあるはずです。ドイツ語やフランス語は冠詞だけでも 10 以上も存在します。ラテン語なんて動詞が 90 通り以上も変化するのですよ！それに比べれば，英語の方が学びやすいでしょう。ですから，英文熟考の（上）（下）巻に登場する 141 の英文が理解できれば，英語の重要事項をほぼ学んだことになります。（上）（下）巻をマスターした人は今後，自信を持って英文と向き合ってください。

　今回改訂するに当たって，全英文と解説の見直しを行い，必要に応じて差し替えを行いました。また，問題と語句チェックを別冊にまとめ，音声についても，ダウンロードとストリーミングに加えて，スマートフォンアプリでも聞けるようにして，より学習しやすくなるようにしています。音声は講義も含めすべて新規録音です。

　最後になりましたが，今回の改訂に当たりご尽力いただいたすべての関係者の方たちに感謝しております。みなさん，ありがとうございました。

2023 年 7 月　竹岡広信

解答・解説編 もくじ

竹岡 広信　たけおか ひろのぶ

駿台予備学校講師。学研プライムゼミ特任講師。竹岡塾主宰。『入門英文問題精講[4訂版]』『基礎英作文問題精講 [3訂版]』（以上旺文社），『改訂新版 ドラゴンイングリッシュ基本英文100』（講談社），『必携英単語 LEAP』（数研出版），『決定版 竹岡広信の英作文が面白いほど書ける本』（KADOKAWA），『竹岡の英語長文 SUPREMACY 至高の20題』（学研），『英作文基礎10題ドリル』（駿台文庫），『東大の英語25カ年［第11版］』（教学社）ほか著書多数。

◎編集協力：株式会社 シナップス
◎校正：長 祥史，田中 恵，山本知子，大河恭子，Jason A. Chau
◎装丁・本文デザイン：小川 純（オガワデザイン）
◎組版：幸和印刷株式会社
◎録音：ユニバ合同会社
◎ナレーション：Greg Dale, Ann Slater
◎編集担当：高杉健太郎

本書の特長と使い方

本書の特長

◎英文解釈の本

本書は重要な英文法のポイントを含む英文を通して，英文の分析力を向上させる「英文解釈」の本です。英文の意味が正確に理解できるようになることを目標としています。

過去問題や予想問題など長文問題を解く前の時期に取り組んでください。ただし，実際に長文問題にあたってみて，解けなかった場合，その後に取り組むのもよいでしょう。

◎上・下巻のシリーズ

上巻（70英文収録）と下巻（71英文収録）の計2冊から成ります。上巻で扱っている文法のテーマは，動詞・接続詞・関係代名詞・不定詞・動名詞・分詞構文などの比較的基本的なもの，下巻は倒置形・強調構文・比較・仮定法・名詞構文・挿入・省略などの比較的発展的なものです。

◎同じポイントを繰り返し学習

本書には，同じポイントを含む英文が繰り返し出てきます。重要なポイントは一度や二度では身につかないためです。反復トレーニングを通して，知識を確かなものにしましょう。

◎詳しく丁寧な解説

竹岡先生の授業を生で聞いているかのような詳しく丁寧な解説で，すらすらと読み進められます。

◎英文の音声付き

全71の英文の音声が付いています（英文の音声は2度流れます）。パソコンでダウンロード・ストリーミングで聞くこともできますし，アプリをダウンロードしてスマホやタブレットで手軽に聞くこともできます（詳しくはp.8参照）。

◎竹岡先生の講義音声付き

特に重要なポイントを含む単元には，竹岡先生の講義音声が付いています。問題を解いて解説を読む前に聞いてみましょう。もくじ（p. 2〜4）から，どの単元に講義の音声が付いているかがわかるようになっています。

本書の使い方

1 別冊「熟考編」で問題を解く

◎問題

・全18回，1回あたり4問（最後の第18回のみ3問）の英文和訳問題があります。

・文構造に気を付けながら日本語訳を書きましょう。

◎語句チェック

・問題を解くときに単語や熟語の意味がわからない場合には，このページで確認してもOKです。

・問題を解き終わったあとは，意味を知っている語句の解説も含め，すべてしっかりと読むようにしましょう。

◆解説中の英文記号

S：主語	(V)ing：動名詞・現在分詞
V：述語動詞	(V)p.p.：過去分詞
O：目的語	to (V)：to＋原形動詞
C：補語	※toのない原形動詞のことは「原形
M：修飾語	不定詞」と呼び，(V)で表します。
接：接続詞	
助：助動詞	

2 本冊「解答・解説編」で答え合わせをして解説を読む

❻竹岡先生の講義音声　　　❺音声二次元コード

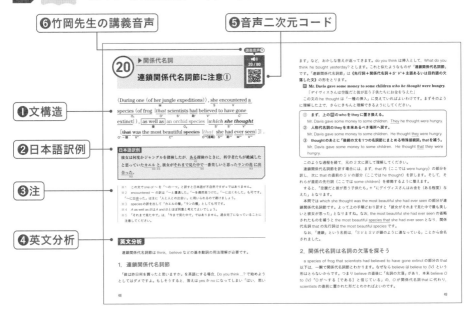

❶文構造

❷日本語訳例

❸注

❹英文分析

◎解答解説

・特にわかりづらかった部分を中心に，文構造（❶）を確認しましょう。

・解答した自分の訳と日本語訳例（❷）を見比べて，合っているかを確認しましょう。すぐ下の注（❸）には，別解や間違いやすい例が書かれていますので参考にしてください。

・解答が間違っていたときはもちろん，合っていた場合も，解説の英文分析（❹）を読んで理解を深めましょう。

・二次元コード（❺）を読み取れば，英文の音声をスマホやタブレットで聞くことができます。竹岡先生の講義音声（❻）が付いている単元もあります。

◆文構造の記号

（　）：形容詞句	ＳＶＯＣ：主節の要素
〈　〉：副詞句・副詞節	Ｓ'Ｖ'Ｏ'Ｃ'：従属節の要素
［　］：名詞句・名詞節	☐：等位接続詞
｛　｝：関係詞節	*that*, ~~being~~：省略されている語句

音声の利用法

　本書では，音声をパソコン・スマートフォン・タブレットを使って無料でご利用いただけます。音声の番号は 01のように二次元コードの上に表示しています。

◎ パソコンで聞く方法

① インターネットで以下の専用サイトにアクセス

　　https://service.obunsha.co.jp/tokuten/jukko/2/

⬇

② 以下のパスワードを入力

　　パスワード：jukko2　（※すべて半角英数字）

⬇

③ 音声ファイルをダウンロードまたはウェブ上でストリーミング再生

> ⚠ 注意　◎ダウンロードについて：スマートフォンやタブレットでは音声をダウンロードできません。　◎音声ファイルはMP3形式です。ZIP形式で圧縮されていますので，解凍（展開）して，MP3を再生できるデジタルオーディオプレーヤーなどでご活用ください。解凍（展開）せずに利用されると，ご使用の機器やソフトウェアにファイルが認識されないことがあります。デジタルオーディオプレーヤーなどの機器への音声ファイルの転送方法は，各製品の取り扱い説明書などをご覧ください。　◎ご使用機器，音声再生ソフトなどに関する技術的なご質問は，ハードメーカーもしくはソフトメーカーにお問い合わせください。　◎音声を再生する際の通信料にご注意ください。　◎本サービスは予告なく終了することがあります。

◎ スマートフォン・タブレットで聞く方法（アプリ）

音声を旺文社公式リスニングアプリ「英語の友」でも聞くことができます。

https://eigonotomo.com/

① 「英語の友」で検索の上，公式サイトよりアプリをインストール，

　（右の二次元コードから読み込めます）

⬇

② アプリ内のライブラリよりご購入いただいた書籍を選び，

　「追加」ボタンをタップ

> ⚠ 注意　◎本アプリの機能の一部は有料ですが，本書の音声は無料でお聞きいただけます。　◎アプリの詳しいご利用方法は「英語の友」公式サイト，あるいはアプリ内のヘルプをご参照ください。　◎本サービスは予告なく終了することがあります。

大学受験のための
英文熟考

［改訂版］

下

解答・解説編

① 文頭の否定的副詞（句・節）は倒置の合図①

Most (of the architect's buildings) have been created
　　　　　　S　　　　　　　　　　　　　　　V
unsystematically, 〈little by little〉, 〈in response to the needs (of
　　　M₁　　　　　　　M₂　　　　　　　　　M₃
the environment)〉. 〈***Very rarely***〉 is a building planned 〈entirely
　　　　　　　　　　　　　M₁　　　V　　　S　　　V
in advance〉.
M₂

日本語訳例

その建築家の造造物の大半は，無計画に，環境の必要に応じて，少しずつ造られて
　　　　　※2　　　　　　　※1
きた。建造物が十分事前に計画されることは，極めてまれなことなのである。
　　　　　　※4

※1　most of ～ は「～の大半」と訳します。「大半の～」は避けてください。

※2　the architect は the を明確に訳して「その建築家」とします。

※3　unsystematically を具体化したものが，little by little, in response to the needs of the environment なので，上記のような訳になります。

※4　entirely in advance「十分事前に」

英文分析

倒置形には法則があることがわかればいいでしょう。

1. most of ～ と most ～ の違いに注意しよう

most of ～ の ～には，《the ＋名詞》や《our ＋名詞》や us などの**特定された名詞**が置かれますが，**most ～** の～には**冠詞などが付かない名詞**が置かれます。一般に *A* of *B* は，**「B の A」**と訳します。よって，most of the architect's buildings は「その建築家の造造物の大半」とします。

例外は a lot of ～「多くの～」や，a large number of ～「多くの～」，many kinds of ～「多くの種類の～」などの，数量や種類に関わる熟語的な表現です。

2.《否定的な副詞（句・節）＋疑問文と同じ語順》の倒置形

否定的な副詞，例えば little「ほとんど～ない」，never「決して～ない」，rarely「めったに～ない」，seldom「めったに～ない（rarely よりやや硬い語）」などが文頭に置かれると，語調を整えるために後ろが疑問文の形の**倒置形**になります。

例1 I have *never* seen such a beautiful sunset before.

「こんな美しい日没を今まで一度も見たことがない」

この例文中の否定的な副詞である never を文頭に移動させると，I have seen の部分が疑問文の形になり次のようになります。

→ *Never* <u>have</u> I seen such a beautiful sunset before.

例2 I *little* dreamed of meeting you here.

「ここで君に会うとは考えてもみなかった」

この例文中の否定的な副詞である little を文頭に置くと，I dreamed of ～ の部分が疑問文の形になり次のようになります。

→ *Little* <u>did</u> I dream of meeting you here.

この中に見られる did（現在形は do）は，語調を整えるために置かれる助動詞です。

本問では，第2文がこのタイプの倒置形になっています。倒置形になる前の形を書くと A building is very rarely planned entirely in advance. となります。ですから，「建造物が十分事前に計画されることは，極めてまれなことなのである」という訳となります。planned entirely in advance が a building を後置修飾すると勘違いして「十分事前に計画される建造物など極めてまれなことなのである」などとしないよう，注意が必要です。**倒置形は，元の形を考える**ということを習慣にしてください。

3. 単語を推測するときは「対比」か「言い換え」かを考える

unsystematically は訳すのが難しいですね。system は「体系」という訳語になることが多いですから「何の体系もなく」とするのも一考ですが，この文脈では何となく収まりが悪いですね。こんなときには，「**対比**」あるいは「**言い換え**」に注目します。本問では，後半に「建造物が事前に計画されることはめったにない」と書かれています。そして前半は，「その建築家の建造物の大半は，○○○に，環境の必要に応じて，少しずつ造られてきた」とあります。この2文は逆接などのつなぎ語がなく置かれているので，同じような内容だと予想できます。よって，○○○には「計画されることはめったにない」と同じ意味を持つ副詞が置かれていると推測し**「無計画に」**と訳せばいいのです。

② 文頭の否定的副詞（句・節）は倒置の合図②

⟨***Only when we have helped these nations reduce their***⟩
M'　接　S'　　　V'　　　　O'

poverty and rates of violent crime⟩ will we be able to begin [to
C'　　　　　　　　　助　S　助　　　　V

eliminate the problem of illegal immigration].
O

日本語訳例

これらの国々が，自らの貧困や凶悪犯罪の発生率を減らすことを支援して初めて，
※2　　　　　　　　　　　　　　　　　　　　　※1

私たちが不法移民の問題解決に着手することが可能になるであろう。
※4　　　　　　　　※3

※1　helped these nations 〜 は，「これらの国々が〜するのを助ける [手伝う]」などは不自然で
　　す。「〜に手を貸す」は可です。

※2　rates of violent crime「暴力（的な）犯罪の割合」は，やや不自然なので，日本語を整えて
　　「凶悪犯罪の発生率」とします。

※3　begin to eliminate the problem of 〜「〜の問題を除去することを始める」は不自然な日本語
　　なので，「〜の問題解決に着手する」とします。

※4　illegal immigration は「不法移民」が定訳ですが，「不法滞在」「不法入国」「違法（な）入国」
　　などでも×にはならないでしょう。

英文分析

《only＋副詞（句・節）》をどのように訳すかで勝負は決まります。

1.《only＋副詞（句・節）＋疑問文と同じ語順》の倒置形

only は**否定的な意味を持つ副詞**です。例えば I bought only one pencil.「私は鉛筆を
1本だけしか買わなかった」というように，英文自体には否定語はありませんが，和訳
すると否定文のようになります。これは only が否定的な意味を持つからです。

ですから《only＋副詞（句・節）》で，**「否定的な副詞」**の扱いになります。よって，も

しそれが文頭に置かれると，後ろが疑問文と同じ形式の**倒置形**になります。

　本問では，only when ... crime が否定的な副詞節ですから，後ろが will we be able to .... というように疑問文と同じ語順の倒置形になっているわけです。

　また《only＋副詞 (句・節)》の訳出においては「〜しか…ない」という訳ではうまくいかないことがあります。そんな場合には**「〜して初めて」「〜してようやく」**という訳を試してみてください。

例 *Only yesterday did I meet her.*
　「昨日初めて［ようやく］彼女に会った」

2. help O (to) *(V)* について

　want O to *(V)* 「O に〜してほしい」，allow O to *(V)* 「O が〜するのを許す」，encourage O to *(V)* 「O に〜するように奨励する」などは，すべて**「O がこれから先〜する」という関係**が成立します。よって to *(V)* という形で「これから先のこと」であることを明示するわけです。help も本来は，help O to *(V)* 「O が〜するのを手助けする」という形なのですが，現在では to *(V)* の to が省かれる傾向にあります。「よく使われるものは使いやすいように省略される」という言語の傾向に基づいた変化です。本問でも to が省かれた形です。似た変化は，make O to *(V)* 「O に〜させる」にも見られ，こちらは現在では to を省くようになりました。ただし，受動態では *be* made to *(V)* のように，まだ to を必要とします。

3. and による並列

　and を見たら必ず**「何と何をつなぐのかな？」**と考えてください。本問では their poverty と rates of violent crime をつなぐのではありません。poverty だけに their が付いて rates of violent crime には付かないというのが不自然だからです。つまり their は共通要素となります。では of violent crime も共通要素でしょうか。もしそうなら poverty of violent crime が成立するはずですが，「凶悪犯罪の貧困」では意味が通りません。以上から，and のつなぐものは poverty と rates of violent crime だとわかります。

4.「同格関係を示す of」について

　the habit of getting up early 「早起きするという習慣」では the habit と getting up early が同格の関係にあります。よって，この of は**「同格関係を示す of」**と呼ばれます。同様に，the city of Sapporo は，「札幌という市」＝「札幌市」の意味です。

　本問では the problem と illegal immigration が同格の関係にあり，「不法移民という問題」という意味になります。

3 文頭の否定的副詞(句・節)は 倒置の合図③

A long walk (after dinner) was a common custom 〈in 18th
　　S　　　　　　　　　　　　V　　　　C
century England〉. It was believed [that 〈***not only***〉 did the
　　M　　　　　　　　　　S　　V　　　　接　　　　　　M'₁　　　助'
walking promote physical well-being, it was also emotionally
　S'₁　　　V'₁　　　　　　O'　　　　　　S'₂　V'₂　M'₂　　　　　　C'
beneficial].

日本語訳例

18世紀のイングランドでは，食後に 長い距離を歩くことが 一般的な習慣だった。そ
　　　　　　　　　　　　※4　　　　　※2　　　　　　　　※1　　　　　※3
のような散歩は，身体面での健康を増進するだけでなく，情緒の面でも有益である
　　　　　　　　　　　　　　　※5　　　　　　　　　　　　　　　　　※6
と信じられていた。

※1　a long walkの訳は「長い散歩」では不自然なので，「長い距離を歩くこと」とします。

※2　after dinnerは必ずしも「夕食後」というわけではないので「食後」とします。

※3　commonの訳は「(ごく)普通の」「当たり前の」「ありふれた」なども可です。「共通の」は，ぎこちない訳語です。

※4　the United Kingdom「連合王国」は, Great Britain (England, Wales, Scotland) と Northern Irelandからなります。Englandは「イングランド地方」の意味なので，Englandを「イギリス」と訳すのは多くの場合誤訳となります。

※5　promote physical well-beingは，「身体的［肉体的］健康を増進する」でも可です。

※6　emotionally beneficialの訳は，「感情的にも有益」ではよくわからないので，「情緒の面でも有益」と変えます。「感情的に利益がある」は不自然です。また「精神面でも有益」は, emotionallyから外れてしまうので避けたいですね。

英文分析

not only も否定的な副詞句です。よって not only が文頭に置かれた場合は，疑問文の語順の倒置形になります。

1. It was believed that *S' V'*.

この文の It は「形式主語」「仮の主語」と呼ばれるもので，that *S' V'* が「真の主語」です。that は《後続の文を名詞節にまとめる特殊接続詞》です。(➡上巻 p.62)

2.《否定的な副詞（句・節）＋疑問文と同じ語順》の倒置形

否定的な副詞には not only *A* but also *B*（しばしば，but あるいは also は省かれる）「*A* のみならず *B* までも」の not only も含まれます。

例 *Not only* did she cheat in the exams, but she lied about it.
「彼女は試験でカンニングをしたのみならず，それについてうそをついた」

この文を普通の語順で書くと，She not only cheated in the exams, but she lied about it. となります。not only で始めることにより，語調を整える助動詞 did を用いて疑問文の形式にするわけです。本問では not only did the walking promote ... が倒置形になっており，普通の語順だと the walking not only promoted ... となります。

3. not only *A* but also *B* について

この熟語はさまざまな変形があるので注意が必要です。

---
(1) only の代わりに，just，merely，simply などが使われることがある。
(2) also あるいは but が省かれることがある。
---

but が省かれると，文としては成立しなくなるのですが，省かれることがあるのが実情です。本問でも but が省かれています。

例 *Not only* did she cheat in the exams, she also lied about it.
「彼女は試験でカンニングをしたのみならず，それについてうそをついた」

---
(3) but also 以下の文を独立させて 2 文で表すこともある。

例 She did *not only* cheat in the exams. In addition [Also], she lied about it.
「彼女は試験で不正をしただけではない。おまけに，それについてうそをついた」

4. 英語は反復表現を避ける

英語は同じ語句の反復を極端に嫌がります（演説などで強調のために反復する場合は例外です）。本問では promote physical well-being とあり，本来なら it was also emotionally beneficial は，it also promoted emotional well-being と書いてもいいはずですが，語句の反復を避けるため it was also emotionally beneficial と書かれています。

④ 文頭の否定的副詞（句・節）は倒置の合図④

The weather report (for the next few days) is quite encouraging.
　　　　　　　S　　　　　　　　　　　　　　　　　　　V　　C
It does not predict any precipitation, ***nor*** does it forecast any
S₁　V₁　　　　　　O₁　　　　　　　接　助₂　S₂　V₂
unpleasantly high temperatures.
　　　　　O₂

日本語訳例

向こう数日間の天気予報は，かなり 心強いものだ。雨が降ることは全く予想されて
　※1　　　　　　　　　※2　　※3
おらず，また気温が不快なほど上がることも全く予想されていない。
　　　　　　　　　　　　　　　　　　　　　　　　　　　　　　※5　　　　　　　　　　　　　※4

※1　for the next few days は，「この先の数日間」「次の数日間」「今後数日間」の意味です。「数
　　　日後の」の意味ではありません。

※2　《quite＋程度を示す形容詞》は，イギリス英語では「割に〜」の意味です。アメリカ英語で
　　　は「かなり〜」の意味になります。

※3　encouraging の訳は，「励みになる」が直訳ですが，「心強い」「期待できそうだ」でも可で
　　　す。「晴れる見通しだ」はやや意訳がすぎるので避けましょう。

※4　predict any precipitation の訳語は「雨（が降ること）を予想する」で十分です。「降水の予
　　　想をする」は可です。「降水量を予測する」は文脈上，不適切です。

※5　forecast any unpleasantly high temperatures は「不快なほどの高い気温を予想する」でも
　　　可ですが，「不快なほどの高温を予想する」は不自然です。

英文分析

nor は「〜も…ない」と訳します。また「も」の位置にも注意してください。

1.《nor＋疑問文と同じ語順》の倒置形

nor は，「否定副詞の not＋接続詞 or」という成り立ちの合成語です。否定的な副詞を
含む語ですから，《否定的な副詞＋疑問文と同じ語順》の倒置形が適用されます。

例1 **I am not rich, *nor* do I wish to be rich.**

「私は金持ちではないし，またそうなりたいとも思わない」

　この文の nor を or と not を用いて書き換えれば **I am not rich, *or* I do *not* wish to be rich.** となります（ただし，この書き換えた英文は不自然な印象を与えます）。訳出に際しては，「また〜でもない」とすることに気をつけてください。「〜も」とすることが大切です。

　本問では，「雨が降ることは全く予想されておらず，また気温が不快なほど上がることも全く予想されていない」となります。

　nor と似た単語に neither があります。

例2 **A: I don't like winter.** 「私は冬は嫌いだ」

　　　B: *Neither* do I. 　　「私も嫌いだ」

　これは, Neither do I like winter. から like winter が省略された形です。nor と neither との違いは，次の 2 点です。

> **(1)** nor は接続詞の働きを持つので文と文を接続できる。
> **(2)** neither の方が口語的なので，会話体では neither の方が適している。

2. 《not any＋名詞》の訳について

　《**not any＋名詞**》は，not の強調として **「全く〜ない」「一切〜ない」** と訳すのが通例です。また日本語訳には出てこない場合もあります。

例 **I don't want any sandwiches.**

　「サンドイッチは一切欲しくありません」

　本問では not ... any precipitation と， nor ... any unpleasantly ... が該当部分です。

3. 他動詞からできた形容詞（分詞形容詞）

　surprising「驚くべき」, surprised「驚いている」は，surprise 〜「〜を驚かせる」からできた形容詞で，**分詞形容詞**と呼ばれています。

　次の 2 つの違いをしっかり覚えてください。

例1 **The news is *surprising*.**

　「その知らせは驚くべきものだ」（←人を驚かせるような）

例2 **I am *surprised* at the news.**

　「私はその知らせに驚いている」（←私は驚かされている）

　本問の encouraging も，encourage 〜「〜を励ます」の他動詞からできた分詞形容詞で，「人を励ますような」から「励みになる」「心強い」と訳します。

▶倒置形

文頭の否定的副詞（句・節）は倒置の合図⑤

The science（regarding global warming）is perfectly clear.〈***On no rational basis***〉would it be reasonable［to argue［that recent climate change has not been the direct result（of human activity）］］.

日本語訳例

地球温暖化に関する科学的知見は極めて明確である。最近の気候変動が人間の活動の直接的な結果ではないと主張するのは，いかなる合理的根拠を持ち出したとしても，妥当とは言えないだろう。

※1 science は「科学的知識（科学に基づいた知識・考え方）」という意味があり，ここでは「科学的知見」とした方が，日本語が整います。

※2 perfectly clear は「完全に明らかだ」「完全にはっきりしている」などでも可です。やや意訳気味ですが「自明である」とすることもできます。

※3 on no rational basis は「どんな理性的な根拠に基づいても～ない」も可です。「どんなに理屈をこね回しても～ない」とすることもできます。また，on a ～ basis は，多くの場合，basis を訳さない方が自然な日本語になります。例えば on a daily basis なら副詞の daily と同じ意味と考えて「毎日」と訳せばそれで十分です。

※4 reasonable は「理にかなっている」「道理にかなっている」などでも可です。

英文分析

　日本語の否定は主に動詞を否定しますが，英語では名詞を否定することがあります。よって，《no＋名詞》の訳は日本人にとって最難関の一つです。しっかり理解しましょう！

1. 《否定的な副詞（句・節）＋疑問文と同じ語順》の倒置形

1語の否定的な副詞，例えば little「ほとんど〜ない」，never「決して〜ない」などが前に出ると後ろが疑問文の形式の**倒置形**になりましたね。これと同じように，under no circumstances「どんな状況でも〜ない」や，at no time「どんなときにも〜ない」，on no account「どんな理由でも〜ない」などの，**no を含む副詞句**が文頭に来ても同じ**倒置**が起こります。

例1 *Under no circumstances* **must you mention this subject again.**

「どんな状況でも，この話題を再び口にしてはならない」

この例では under no circumstances のあとが，本来ならば you must mention 〜 のはずですが，must you mention 〜 という倒置になっています。

例2 *On no account* **must you attempt this exercise if you are pregnant.**

「妊娠しているのだったら，こんな運動を絶対してはいけない」

この例では on no account のあとが，本来ならば you must attempt 〜 のはずですが，must you attempt 〜 と倒置になっているわけです。

本問では on no rational basis が否定的な副詞句なために，あとの文が疑問文と同じ形式の倒置である would it be reasonable になっています。

2. 《no＋名詞》は《not any＋名詞》に分解して訳す

《no＋名詞》は，《not any＋名詞》に分解して訳すと，整った日本語になります。

例 **No amount of money would buy happiness.**

「どんなにお金があっても幸せは買えないだろう」

上の **例** は no amount of money を not＋any amount of money と考えて訳しています。本問では，on no rational basis を not＋on any rational basis と考えて訳します。よって「どんな合理的な根拠に基づいても正しくはない」→「いかなる合理的根拠を持ち出したとしても妥当とは言えない」とします。

3. 条件節のない仮定法

仮定法は，条件節（if 〜）がないこともあります。その場合は，**名詞（句・節）や副詞（句・節）**が条件節の代わりをしています。下の **例** では to refuse her offer が条件節の代わりです。

例 **It would have been impolite to refuse her offer.**

「彼女の申し出を断っていたら，無礼だっただろう」

本問では，to argue that 〜 が if 節の代わりをしています。よって，「〜と主張するならば」のように理解するといいでしょう。

〈***In no branch*（*of medical research and development*）**〉 is
　　　　　　　M₁　　　　　　　　　　　　　　　　　　　　　　　V
the company as far behind its international competitors 〈as 〈in
　　S　　　M₂　　　　　　　　　C　　　　　　　　　接
that（of stem cell research）〉〉. This is due 〈to the severity（of
　　M₃　　　　　　　　　　　S　V　C　　　　　　M
national laws ｛that restrict stem cell testing｝）〉.
　　　　　　　　S'　　V'　　　O'

日本語訳例

医療の研究開発のどの分野においても，幹細胞研究の分野ほど，その会社が国外の
　　　　　　　　　　　　※1　　　　　　　　　　　　　　　　　　　　※2
競合他社に後れを取っている分野はない。これは幹細胞実験を制限する国内法の厳
　　※3　　　　　　　　　　　　　　　　　　　　※5　　　　　　　※4
格さが原因である。

※1　developmentの訳として「発展，発達」は不自然です。
※2　「その会社」で訳を始めると主語と述語が離れすぎて意味が取りづらくなります。
※3　international competitorsは「国際的な競争相手」でも×ではありません。
※4　national lawsは「国の法律」でも可です。
※5　この文のtestingの訳として「検査」は不自然です。

英文分析

複雑で難しいような印象のある英文ですが，法則さえわかれば簡単です。

1.《否定的な副詞（句・節）＋疑問文と同じ語順》の倒置形

　熟語的な under no circumstances などが文頭に置かれると，後ろが疑問文と同じ形
の倒置形になりました。これは比較を含んだ文でも出てきます。次の **例** を見てください。

例 ***In no city* are land prices as high as in Tokyo.**
　「東京ほど土地の値段が高い都市はない」

この **例** では in no city が否定的な副詞句ですから，後ろが land prices are as high … とならずに，疑問文と同じ形式の are land prices as high … という形になっているのです。この **例** の元の文は次の形です。

→ **Land prices are as high in no city as land prices are high in Tokyo.**

（直訳）「東京の土地の値段と同じレベルの土地の値段の高さである都市はない」

本問１文目の元の形は，次のようになります。

→ The company is as far behind its international competitors in no branch of medical research and development as (it is far behind its international competitors) in that of stem cell research.

2.《S＋be動詞＋前置詞＋名詞》について

一般に《前置詞＋名詞》は副詞句を作ります。

例1 **Jim is at the library.**

「ジムは図書館にいます」 ←図書館のある場所に，ジムは存在している

この文の is は「存在している」という意味で，at the library が副詞句を作っています。

例2 **Tigers are in danger of becoming extinct.**

「トラは絶滅する危機にある」

この文ではどうでしょうか。**例1** と同様に **(1)「トラは絶滅する危機の中に存在する」** という読み方が可能ですね。しかし，in danger of becoming extinct は，「具体的な場所」を示すのではなく，**「ある状態」** を表します。このような場合は，in danger of becoming extinct を１つの形容詞句と考え，これが補語になっているという読み方をするのが一般的です。

その場合は，be 動詞は「存在する」ではなく，単なる「連結動詞」として **「～である」** という意味と考えます。この場合の訳は，**(2)「トラは絶滅する危機の状態である」** です。**(1)** であっても **(2)** であっても，結局は同じ意味を表すので，それほど厳密に違いを追求する必要はありません。

本問の S is behind ～「S は～に後れを取っている」は，**例2** と同様に，ＳＶＣと考えるのが適切です。

3. as ～ as 構文の「～」に入るもの

本問の as far behind ～ as の far に違和感を持つ人がいるかもしれません。ところが，far を省いて as behind ～ as とは言えません。**as ～ as 構文の～には，比較級・最上級を持つ形容詞か副詞** が置かれます。

behind ～ は形容詞句には違いありませんが，比較級・最上級を持ちません。よって，far を挟み込む必要があるのです。

7 ▶文の要素の移動

SVOC → SVCOの移動①

It is highly doubtful [whether or not we can find ***good-looking***
S V   C   接   S' 助' V'   C'
someone {⟨***of whom***⟩ ***we cannot approve***}].
  O'   M"   S"   助"   V"

日本語訳例

私たちが好ましくないと思う人を容姿が整っていると思えるかどうかは，極めて疑
　　　　※3　　　　　　　　※2　　　　　　　　　　　※1
わしい。

- ※1　good-lookingの訳は「容姿端麗な」「美しい」なども可です。
- ※2　先行詞として用いられたsomeoneは「人」と訳します。「誰か」という訳は避けてください。
- ※3　approve of 〜 の訳は「〜を認める」でも可です。

英文分析

「長いもの，強調するものは文末へ移動」が原則です。

1. SVOC→SVCOの形に注意

SVOCがSVCOの形になるのは次のような場合があります。

> **(1) Oが長くて修飾関係があいまいになりそうなとき**
> **(2) Oを強調したいとき**

例 His wide variety (of gestures)ₛ madeᵥ ***clear***c ⟨to everyoneₘ⟩
[***what the performer was saying***o].
「多様なジェスチャーが使われたため，その演技者の言っていることが誰にとって
も明らかになった」

この例は (1) に当たり，clear を文末に置くと修飾関係が不明確になります。

2. whether節は，名詞節か副詞節かの識別が大切

whether は文中での働きによって次のような訳になります。

> **(1)** whether節が名詞節を作って主語，目的語，補語になっている
>   → 「〜かどうか（ということ）」
> **(2)** whether節が副詞節を作っている
>   → 「〜であっても，…であっても」「〜であろうとなかろうと」

(1) の例 It is difficult to judge whether or not this is a new trend.
「これが新たな流行なのかどうかを判断するのは難しい」

(2) の例 Whether you agree with us or not, we will carry out this plan.
「あなたが私たちに同意しようとしまいと，私たちはこの計画を実行する」

本問では，It is highly doubtful whether 〜 の形で，whether 節は，形式主語 It を受ける真の主語になっています。よって **(1)** の名詞節「〜かどうか」になります。

3.《前置詞＋関係代名詞》の訳し方

《前置詞＋関係代名詞》を受験用の「自然な日本語」にする場合には，次のように訳します。

> **(1)** まず無視して意味が通れば訳す必要なし。
> **(2)** 無視できない場合には，元の文と先行詞の関係をよく考えた上で訳す。

(1) の例 This is the civilization {⟨of which⟩ they were proud}.
「これは彼らが誇りに思っていた文明だ」

(2) の例 We do research on the civilization {⟨in which⟩ the Bible was written}.
「我々は，聖書が書かれた舞台となる文明を調査している」

この **(1) の例** の of which they were proud を元の文に戻すと they were proud of which となり，of which の of は be proud of 〜「〜を誇りに思う」という熟語の一部になっています。このような場合，前置詞を無視して訳しても問題ありません。**(2) の例** のように前置詞が熟語の一部になっていない場合は，訳に工夫を必要とすることがあります。ここでは「聖書が書かれた<u>文明</u>」とすると，やや不自然な日本語になります。よって日本語を補って訳す方がいいでしょう。

本問の of whom we cannot approve を元の文にすると，<u>we cannot approve of whom</u> となり，of whom の of は approve of 〜「〜を好ましいと思う，〜を認める」という熟語の一部なので **(1) の例** と同様，訳す必要はありません。

SVOC → SVCO の移動②

New technologies, {which made ***possible*** ***recent breakthroughs***
 S   S'   V'   C'   O'
(***in physics***)} , will surely enable the scientists (now working ⟨on
                助   M   V
questions (about the origin (of the universe))⟩) , (to answer some
                                              O   C
(of them)) .

日本語訳例

新たな科学技術は，物理学の最近の<u>大発見を可能にした</u>が，そのおかげで，宇宙の
                                    ※1
起源に関わる疑問に現在<u>取り組んでいる</u>科学者たちが，その問いの<u>一部</u>に答える<u>こ</u>
                          ※2   ※5   ※1
<u>とができる</u>ように<u>きっと</u>なるだろう。
    ※4   ※3

※1　関係代名詞節を先に訳して「物理学の最近の大発見を可能にした新たな科学技術によって」
　　とすることもできます。

※2　breakthroughsの訳として「飛躍的前進」「大躍進」などは可ですが「ブレークスルー」は不
　　可です。英語の試験であることを忘れてはいけません。

※3　will surelyのsurelyの訳を前半に置くと，被修飾語と離れるので避けてください。

※4　S enable O to (V) の訳は「Sは O が〜するのを可能にする」も可です。

※5　work on 〜 を「〜について働く」と訳すのは不自然です。

※6　someの訳は通例「いくつか」とするのは避けるべきですが，ここでは間違いとは言えないか
　　もしれません。

英文分析

　enable と to (V) が離れているので，戸惑った人もいるかもしれません。enable /
want / encourage O to (V) などの to (V) が何用法なのかについては文法書によって
意見が分かれるところですが，本書では O is to (V) 「O は〜する」の関係が成立してい
ると考え，形容詞的用法の補語としています。

1. ＳＶＯＣ→ＳＶＣＯの形に注意

ＳＶＯＣのＯを文末に置いて強調したい場合に，ＳＶＣＯの形になることがあります。特に make O possible / available などの文でよく見られます。

例 The company _s is trying _v [to make _{v'} available _{c'} large quantities of environmentally sound paper _{o'}].

「その会社は環境に優しい紙を多量に入手できるようにしようと努力している」

本問では，本来は made recent breakthroughs in physics possible の形だったのですが，recent breakthroughs in physics を強調するため，これを文末に置いたと考えられます。

2. 《S, 関係代名詞 ～, V》について

先行詞が，「言語（全般）」「人間（全般）」「科学技術（全般）」のように **「総称を示す名詞」** の場合には，後続の関係代名詞節の内容に応じて，関係代名詞節の前後にコンマが打たれる場合と打たれない場合があります（コンマが打たれた場合，非制限用法，非限定用法，継続用法などと呼ばれることがあります）。

例1 Language, which is the most important invention in history, is now taken for granted.

「史上最も重要な発明品である言語は，今では当然のものと見なされている」

この文の意味するところは，「言語は，どのような言語でもすべて史上最も重要な発明品である」ということです。もし関係代名詞節の両側のコンマを取り，Language which is ... is now .... とすると，「（史上最も重要な発明品である言語と，そうでない言語が存在するが，）史上最も重要な発明品である方の言語は」という意味になります。

コンマの存在を訳に反映させて，「言語は，史上最も重要な発明品であるが，今では当然と見なされている」と訳すことも可能です。

例2 The language which was spoken there was very unfamiliar to me.

「そこで話されていた言語は私にとって非常になじみのないものでした」

この場合は，「そこで話されていた言語」と「そこで話されていなかった言語」がありますから，コンマは不要です。

本問では，new technologies「新たな技術」は関係代名詞節の内容に限定されていない総称的な名詞ですから，後ろにコンマが打たれているわけです。

S V O C → S V C O の移動③

The art-film movement (known ⟨in English⟩ ⟨as the "French New
　　　　　　S
Wave"⟩) was highly controversial. It rejected many traditional
　　　　V　　　　　　C　　　　　S　　V₁
cinematic conventions, restyled and made *iconoclastic other*
O₁　　　　　　　　　　V₂₋₁　　接　V₂₋₂　　　C
conventions, and invented entirely new methods (of expression).
O₂　　　　　接　V₃　　　　　　　　　　　　O₃

日本語訳例

英語で「フランスの新しい波」として知られている芸術映画運動は，かなりの物議
　　　　　　　　　　　　　　　　　　　　　　　　　　※1
を醸した。それは多くの伝統的な映画の定石を拒否し，他の定石を新たな形に変え，
　　　　　　　　　　　　　　　※2　　　　　　　　　※3
それらを型破りなものに作り変え，全く新しい表現方法を創り出したのである。
　　　　※4　　　　　　　　　　　　　　　　　　※5

※1　"French New Wave" はフランス語の原音に近い「ヌーヴェルヴァーグ」という訳も有名です。
　　　" " は，訳文では「 」に変換してください。
※2　highly controversial の訳は「大いに論争になった」でも可です。
※3　conventions は，「（昔ながらのしばしば古くさい）慣習，しきたり」の意味です。例えば，
　　　social conventions「社会慣習」というのは，日本だと「年賀状」「結納」などのことです。本問
　　　での conventions の訳は「慣習」「（従来の）方法」「しきたり」でも可です。
※4　iconoclastic の訳として，「偶像破壊的」ではよくわかりません。「従来は偶像のように崇めら
　　　れていた手法を捨て去った」ということです。
※5　invented ～ の訳は，ここでは「～を発明した」では不自然です。「～を生み出した」は可です。

英文分析

iconoclastic は難語なので，文脈から推測してみてください。

1.　known as ～ と known for ～ の違い

known as ～ と known for ～ の両者の違いを具体的な例で見ていきましょう。

例1 **This city is *known as* an ancient capital of this country.**

「この都市は，この国の古代の首都として知られている」

この例では This city <u>was</u> an ancient capital of this country. の関係が成立します。
=

例2 **This city is *known for* its ancient temples.**

「この都市はその古代の寺院で知られている」

この例では This city <u>was</u> its ancient temples. の関係は成立しません。
≠

本問では The art-film movement was the "French New Wave." の関係が成立しています。よって，**known as ～** が使われているのです。

2．3つ以上の要素をandで並列する

通例3つ以上の要素を and で並列する場合には *A, B*(,) *and C* というように最後の要素の前にだけ and を付けます。ただし，もし *B* の要素が *B₁ and B₂* となっている場合には，*A, B₁ and B₂, and C* というようになります。この場合は，重心が置かれている and は *C* の直前の and であることは言うまでもありません。

本問の第2文はまさにこの形になっています。重心が置かれている and は, invented の直前の and であり，restyled and made の and は, restyled と made を並列する and です。まず，このことに気がつくかどうかが，この英文を理解するための第1歩です。

3．ＳＶＯＣ→ＳＶＣＯの形に注意

2．で述べた全体像が見えた人は，その方針に沿って，全体を訳していくことになります。一番難しいのが，restyled and made iconoclastic other conventions の部分です。もし，iconoclastic other conventions が，restyled と made の共通の目的語であると仮定すると，「型破りな他の定石の形を変え，作った」となりますが，そもそも「型破りな定石」の部分だけを見ても矛盾しています。

この箇所は，restyled other conventions and made other conventions iconoclastic 「他の定石を新たな形に変え，それら（＝他の定石）を型破りなものに作り変えた」という文であったものを，other conventions が共通要素なので，これを後ろに置いたため，iconoclastic が前に移動しＶＣＯという形になったものです。つまり次のような形になっているわけです。

restyled
V₂₋₁

and

made iconoclastic
V₂₋₂ C

other conventions
O₂

27

ＳＶＯ → ＯＳＶの移動①

A hummingbird is able to stop its forward flight 〈in midair〉 and
　　S　　　　　助　　　V₁　　　O₁　　　　　　M₁　　　接
suddenly begin [flying backward] . ***This*** the bird often does so
　M₂　　V₂　　　　O₂　　　　　　　O　　　S　　　M₁　　V
rapidly 〈that observers are unable to determine just [how the
　M₂　　接　　　S'　　　　助'　　　　　V'　　　M'
amazing feat was physically achieved]〉.
　　　　O'

日本語訳例

ハチドリは，空中で前進飛行を止め，突然後退飛行を開始することができる。これ
を，多くの場合，ハチドリはとても素早く行うため，観察している者は，その驚く
べき離れ技が身体をまさにどのように使ってなされているのかを特定することがで
　　　　※3　　　※2　　　　　　　　　　　　　　※2　　　　　　　　　※1
きない。

※1　determine ～ は「(原因など) を発見する，特定する，突き止める」の意味です。
※2　how S was physically achieved を直訳すると「Sがどのように物理的 [身体的] に達成され
　　たか」となりますが，それでは不自然な日本語です。そこで訳例では，「身体をどのように使っ
　　て」としました。
※3　featの訳は「妙技」でも可ですが，「偉業」はやや不自然です。

英文分析

《名詞＋SV》とあれば通例，関係代名詞節ですが，そうでない場合もあります。

1. ＳＶＯ→ＯＳＶの目的語の前置

「倒置」の厳密な定義は，**「主語の前に，動詞・助動詞が置かれること」**です。ですか
ら，例えばＳＶＯがＯＳＶになる場合，厳密には「倒置」とは言わずに**「目的語の前
置」**と言います。通常は，煩雑さを避けるために，「文の要素が従来の順序を逸脱してい

る場合」に「倒置」という言葉を使うことが多いと思います。本書でもこの広い意味の「倒置」という用語を使います。

英語には大きく分けて5つの文型がありますが，それぞれに決まった形の「倒置」の構造が存在します。その中で一番わかりにくいのがOSVです。

例1 *The money* ₒ **I** ₛ **used** ᵥ 〈**to pay an old bill**〉**.**
「そのお金は古い請求書の支払いをするために使いました」

この文は，一見すると the money を先行詞とする関係代名詞節に見えます。ところが，もしそうならば次の例のように，動詞がもう1つ必要です。

例2 The money（which）I used to pay an old bill was $100.
「私が古い請求書の支払いに使ったお金は 100 ドルだった」

本問では，This（**O**）the bird（**S**）often（**M**）does（**V**）となっていますが，This the bird を主語と考えてしまう人が多いようです。this と the を並べて使うことはできないので，そのような読み方はできません。

なお，SVOCも，次のようにOが前に置かれてOSVCとなることがあります。

例3 *This study of humans* ₒ **we** ₛ **call** ᵥ **anthropology** c**.**
「この人類の研究を我々は人類学と呼んでいる」

Oが前に出る倒置の理由は，ほとんどの場合，**情報の流れを円滑にする**（前の文で既に述べた情報［旧情報］を，文頭に置き，新たな情報［新情報］をあとに置く）ためです。本問でも this は既に述べた情報なので前に置かれたわけです。

2．and による並列

第1文の and がつないでいるのは，stop と begin です。

is able to ｛ stop …
｜ and ｜
suddenly begin …

よって，「〜を止めることができる。そして突然〜を始める」という訳をしないように注意してください。また，and を or のように考えて「〜を止めたり，突然〜を始めることができる」とするのも避けましょう。ここでは stop と begin が一連の動作として書かれていることに注意してください。

3．so 〜 that 構文

so rapidly は「それほどに速い」という意味で，続く that 〜 の副詞節で「どれくらいか」を具体化しています。訳出に際しては，書かれている順番どおり「とても速いので〜である」と訳すのが自然な日本語になります。

SVO → OSVの移動②

Sarah is an extremely selfish and wasteful person. ***Any clothing***
S　　V　　　　　　　　　　　　　　C　　　　　　　　　　　　　　　O

{***that shows even the slightest wear***} she will immediately
　S'　　V'　　M'　　　　　O'　　　　　　S　　助　　　M

throw away.
　V

日本語訳例

サラは非常に利己的で浪費家だ。ほんの少しでもすり切れた服はどんなものでもす
　　　　　　※1　　　　※2　　　　　　　　　　　　　　　※4　　　　　　　　　　　※3
ぐに捨ててしまうことがよくある。
　　　　　　　　　※5

※1　extremely は very より強意なので「とても」という訳語では不十分です。

※2　(a) wasteful person の訳を「無駄の多い人間」「浪費的な人」とするのは可ですが,「無駄な
　　　人」とするのは不自然です。「お金を無駄に使う」は意味を限定しすぎです。

※3　肯定文で使われる any は「(自由選択の意味を表して) どんな〜でも, どれでも」の意味です。
　　　よって本問でも,Any の意味を明確にしていない訳,例えば「少しでも着古した服は」「わずかに
　　　すり減った服でさえ」のようなものは避けてください。

※4　wear「すり切れ」がわからずに「少しでも着た服」などとするのは不可です。

※5　この文の will は「(2人称3人称を主語として習性・習慣を示し) 〜するものだ, 〜がよくあ
　　　る」の意味です。よって「〜だろう」という訳は避けてください。(例) Mary will lie even to her
　　　friends. 「メアリーは友人にさえよくうそをつく」

英文分析

第2文の文構造がわかったかどうかがポイントです。

1. and によって並列されるものは同系語

第1文の and がつないでいるのは, selfish「利己的な」と wasteful「浪費が多い」とい
う同じ形容詞です。次のように見えていれば OK です。

```
                  ┌ selfish  ┐
an extremely   ┤  and     ├  person
                  └ wasteful ┘
```

2. 複数の形容詞が名詞を修飾する場合

2つ以上の形容詞が同じ名詞を修飾する場合は2パターンあります。

(1) それぞれの形容詞が意味の上で同じジャンルに属さない場合

　　→形容詞＋形容詞＋名詞

例 <u>traditional</u> <u>Japanese</u> <u>gardens</u>
　　　 形容詞1　　　 形容詞2

　　「伝統的な日本庭園」

(2) それぞれの形容詞が意味の上で同じジャンルに属す場合

　　→形容詞＋コンマ（あるいは and）＋形容詞＋名詞

例 a quiet, conventional life

　　 a quiet and conventional life

　　「静かでありきたりな生活」

例 a hardworking, honest politician

　　 a hardworking and honest politician

　　「勤勉で正直な政治家」

（注）ここで形容詞と言っているのは，厳密には，大小，形状，性質，新旧，色彩，固有形容詞などの「性状形容詞」と呼ばれるものです。any, all, each などの「代名形容詞」や many, much などの「数量形容詞」含まれません。

本問では, selfish and wasteful person と and で2つの同じジャンルの形容詞が並列されています。これは（2）のパターンです。

3. ＳＶＯ→ＯＳＶの目的語の前置

本問2文目の Any clothing ... を主語と考えると，あとの文の構造が理解できなくなります。そこで**「ＳＶＯ→ＯＳＶのＯの前置」**に気づけるかどうかが大きなポイントとなります。ＯＳＶでは，ほとんどの場合，倒置される理由は情報の流れの円滑化（前の文で既に述べた情報［旧情報］を文頭に置き，新たな情報［新情報］を後ろに置く）でした。

本問では，上で述べたような［旧情報］→［新情報］の流れにはなっていません。この文では，throw away を強調するために，筆者はそれを文末に置いたと考えることもできます。「修理するのではなく捨てるのだ」という感じですね。

SVC → CVSの移動①

[What happened 〈to his life〉〈during his school days〉] is
 —— ——
                        S   V
strikingly evident 〈from his academic records〉. ***Not so striking***,
———————————————————   —————————————————————   ————————————
        C   M   C₁
但 but (***of equal significance***) , are the changes (in his attitude
                                          ————   ——————————
             C₂   V   S
(toward his friends)) .
——————————————————

日本語訳例

学生時代に彼の生活に起きたことは，彼の学業成績から極めて明白である。それほ
　　　　　　　　　　　　　　　※1
ど顕著ではないが，同じくらいに重要なのは，彼の友達への態度における変化であ
　　　　　　　　　　　　　　　　　　　　　　　　　　　　　　　※2
る。
※3

※1　この文での his life の訳として「彼の人生」は大げさすぎます。

※2　strikingly evident の訳は「著しく［非常に］明らか」でも可です。

※3　not so ～ を「とても～ではない」とする訳は避けましょう。so の訳漏れにも気をつけてく
　　ださい。

英文分析

A, but *B*, のコンマの打ち方にも注意してください。

1. whatの訳し方

whatの訳し方には，次の2つがあります。

---

(1) 関係代名詞「～なこと」と訳す場合

(2) 疑問代名詞「何が［を］～」と訳す場合

---

(1) と **(2)** には形の違いはないので，**文脈で判断するしかありません**。既知のもの

に対しては **(1)**, 未知のものに対しては **(2)** で訳します。本問では「明白である」と書かれているので, 既知のものと見なして **(1)** で訳します。

2. ＳＶＣ→ＣＶＳの倒置

倒置される理由は, 大きく分けて次の 2 種類です。

> **(1) 情報の流れの円滑化**：前の文で既に述べた情報［旧情報］を文頭に置き, 新たな情報［新情報］を後ろに置く
> **(2) 文バランスの整序**：主語が長い場合に, その主語を文の末尾に置く

本問では, 第 1 文で strikingly evident「極めて明白」だと言っておいて, それを受けて not so striking「それほど顕著ではないが」と言っています。つまり, striking の部分が, 既に述べた情報（＝旧情報）と関わっているわけです。**そして一番言いたいのは, the changes in ... 以下です。これが新情報です。**文の構造は次のとおりです。but が並列しているものに注意をしてください。

```
Not so striking,          (C₁) ⎫
 but                           ⎬  are (V) the changes in ... (S).
of equal significance,    (C₂) ⎭
```

なお A, and [but] B, X の形は, X が共通関係となる要素であることを示すためです。

3.《of ＋抽象名詞》が形容詞句の働きをする

「《前置詞＋名詞》は, 普通副詞句を作り, 名詞の直後では形容詞句の可能性がある」が原則です。ところが,《S＋be＋of＋名詞》の形では,**《of ＋抽象名詞》が形容詞句の働きをします。**一種の例外と考えてもいいでしょう。**この of は「(〜な性質を) 持つ」の意味を持つ**と考えてください。代表的なものは「価値, 重要性, 有用性」を表す名詞です。of great importance は very important より文語的な言い方です。

例1 **This method is of great importance [of value / of use].**
　　「このやり方は極めて重要だ［価値がある / 役に立つ］」

例2 **Tom is (of) the same age [size].**
　　「トムは同じ年齢［大きさ］だ」

「年齢, サイズ」の場合, **例2** のように of が省かれるのが普通です。なお, of late「最近」, of necessity「必然的に」, all of a sudden「突然」などは, 例外的に副詞句を作りますから注意してください。

本問では, of equal significance が「同じくらい重要だ」の意味の形容詞句です。

13 ▶文の要素の移動

SVC → CVSの移動②

Such is the nature (of many sheepdogs) (that they are happy ⟨to
　C　 V　　　　　　　S　　　　　　　 　　接　 S'　 V'　 C'

spend entire days, ⟨from dawn to dusk⟩, ⟨working ⟨in their
　　　　　　　　　　　　　　　　　　　　　　　　　　M'

pastures⟩ ⟨without a moment's rest⟩⟩⟩).

日本語訳例

多くの牧羊犬の性質は<u>すばらしく</u>，夜明けから夕暮れまで，<u>一日中</u>牧草地で少しも
　　　　　　　　　　　※1　　　　　　　　　　　　　　　　※3

休むことなく<u>喜んで</u> <u>働く</u>。
　　　　　　　　※2　　※3

※1　Such is S の構文では通常日本語を補って訳します。この構文に関して「such は so great の
　　　意」という記述をしている辞書もあります。「すばらしく」のところを「活発で」「元気で」「忠実
　　　で」「勤勉で」などとするのは意味を限定しすぎるので避けましょう。

※2　they are happy to (V) を「～して幸せだ」とするのはやや不自然です。

※3　《spend＋時間＋(V)ing》「時間を～に使う」の形なので，「一日中を費やして，そして働く」
　　　「丸一日を幸せに過ごし，そして働く」のように，2文に分けた訳は避けてください。

英文分析

Such is S that ～ は訳が困難な構文です。しっかり理解してください。

1. Such is S that S' V'. 「S はとても～なので S' V'」

such には代名詞の用法があり，単独で補語としての働きが可能です。また，さらにそのあとに such の内容を説明する that 節を伴って, S is such that S' V'. という形をとります。

例1 **My excitement was _such_ that I could hardly get to sleep.**

　　（直訳）「私の興奮はそのようであった。なかなか寝つけないぐらいに」

→（意訳）「私はとても興奮していたのでなかなか寝つけなかった」

この **例1** では，まず「私の興奮はそのようであった」と述べておいて，読者・聞き手に，「どのぐらいかな？」という疑問を持たせます。その後，「どの程度か」を後続の that S' V' で示します。この that S' V' は，such という代名詞を修飾する形になりますので，文法的には形容詞節となります。また，いわゆる直訳は不自然ですから，左ページに示したように，内容を考えた上で意訳をしなければなりません。

硬い文語体では，これにＳＶＣ→ＣＶＳの倒置形が適用され，Ｓと such が入れ替わり，Such is S that S' V' となることがあります。本問がその形です。この場合は，「such が強調されて文頭に置かれた」と考えてよいでしょう。

例2 *Such* **was the force of the explosion that many buildings fell to the ground.**

「その爆発の力はすさまじく，多くの建物が倒壊した」

2. *be* happy to (*V*) の訳について

この to (*V*) は，「理由」を表す to 不定詞の副詞的用法なので，普通「〜して」「〜で」と訳します。

例1 **I am happy to see you.**

「あなたに会えて幸せです」

ところが，「喜んで〜する」という訳をすることもあります。

例2 **I am always happy to help you.**

「私はいつでも喜んであなたのお手伝いをしますよ」

本問の they are happy to (*V*) も **例2** のように訳すと自然な訳になります。

3. spend の用法について

spend は何に時間を使ったかに重点のある動詞なので，《spend＋時間》「時間を過ごす」では使わず，《spend＋時間＋(*V*)ing》《spend＋時間＋副詞句》のようになると覚えてください。《spend＋時間＋(*V*)ing》は，昔は《spend＋時間＋in (*V*)ing》と書きましたが，今では in を省くのが普通です。

例1 **We spent the whole morning walking around town.**

「私達は午前中はずっと町中を歩いていた」

例2 **We spent about five hours on the beach.**

「私たちはおよそ5時間浜辺で過ごした」

本問も spend と working のつながりを見落とさないようにしてください。

14 SVC → CVSの移動③

The result〈of the murder trial〉was surprising. ***So eager*** was the
　　　　S　　　　　　　　　　　　　　　V　　　C　　　　　　　C　　　V
jury〈to convict the defendant〉〈that they completely ignored
S　　　　　M　　　　　　　　　　　接　S'　　　M'　　　　V'
reliable DNA evidence {which clearly showed his innocence}〉.
　　　　O'　　　　　　　　　S"　　M"　　　V"　　　O"

日本語訳例

その殺人事件の裁判の結果は意外なものだった。陪審員たちは，被告人を有罪にし
　　　　　　　　　　　　　　※1
たいという思いが強すぎたため，被告の無罪をはっきりと示すDNA型鑑定の確実な
　　　　　　　　　　　　　　　※3　　　　　　　　　　　　　　　※4　　　　　　　　　　　　　　　　　　　　※5
証拠を完全に無視したのである。
　　　※3

※1 the murder trial は「その殺人事件の裁判」とします。なお「殺人裁判」などという日本語は
　　通例使われません。「その殺人の裁判」も不自然です。

※2 surprisingの訳として「驚くべきものだった」「驚きであった」は可ですが，「驚いた」は誤
　　りです。

※3 The jury was so eager to convict 〜 が倒置形になった形です。be eager to (V) の訳は「必
　　死で〜する」「躍起になって〜する」「〜に熱心である」などでも可です。少し飛躍しますが「被
　　告を有罪と決めつけた」という訳も可能です。

※4 juryの訳は「陪審員団」「陪審員たち」が適切です。

※5 reliableは「(人・製品などが) 信頼できる」「(情報などが) 確実な」の意味で使われます。
　　ここでは後者がより適切ですが，前者も×ではありません。

英文分析

　文頭に So があると「だから」の意味だと思ってしまいがちですが，そうでないこと
もあります。《So＋形容詞／副詞》で始まる文には注意が必要です。

1. so ... that 〜 の倒置形

so ... that 〜 構文は、so は「それほど」の意味の副詞です。そして、その so を受けるのが that 〜 の副詞節です。ですから、直訳は「それほど…。どれほどかと言えば〜」で、通例は前から訳して「とても…なので〜」とします。

この so ... that 〜 構文も倒置の形をとる場合があります。

> **(1) ＳＶＣ → ＣＶＳの場合**
> **(2)《so＋副詞＋疑問文と同じ語順》の形式の倒置の場合**

(1) の例 *So busy* was I that I did not notice him standing there.
「私はとても忙しくて、彼がそこに立っていることに気がつかなかった」

(2) の例1 *So little* did he think of himself that he did not even take the trouble to get his books published.
「彼は自分が大した人間ではないと思っていたので、わざわざ自分の本を出版しようなどとさえしなかった」

この **(2) の例1** では、《否定的副詞＋疑問文と同じ語順》の形式の倒置形になっていますが、否定的な副詞で始まらなくても、後ろが疑問文と同じ語順の形式の倒置形になることがあります。

(2) の例2 *So earnestly* did his daughter ask for money that he gave in.
「娘があまりに熱心にお金をせがむので彼は折れた」

本問の倒置は、**(1)** のタイプになっています。

2. 形容詞の名詞形の訳出

形容詞の名詞形は、そのままの形で訳すより元の形容詞に戻してから訳した方が自然な日本語になる場合があります。

例1 Jim asserted the truth of his words.
（直訳）「ジムは自分の言葉の真実を断言した」
（意訳）「ジムは自分の言葉が真実であると断言した」

上記の例の（意訳）では the truth of his words を、truth の形容詞形である true に戻して His words were true. と変換してから訳しています。

例2 We were disappointed at her inability to do things promptly.
「彼女が物事をテキパキできないことで、私たちはがっかりした」

この例では her inability to (V) を She was not able to (V). に変換してから訳しています。

本問も his innocence を He was innocent. に変換して「彼が無罪であること」と訳すことも可能です。

15 ▶文の要素の移動

as S' *V'* → as *V'* S' の移動

People today seldom worship the sun 〈*as did many* (*in ancient*
S　　　　　　M　　　V　　　　O　　　接　V'　　　　　　　　S'
civilizations)〉, but they should not take 〈for granted〉 the light
　　　　　　　　　　　　　接　　S　　助　　M　　V　　　　M
and heat {that it provides} .
O　　　　O'　S'　V'

日本語訳例

今日の人間は，大昔の文明に生きていた多くの人とは異なり，太陽を崇めることは
　　※1　　　　　　　　　　　　　　　　　　　　　※2　　　　　　　　　　　　　あが
めったにないが，太陽がもたらす光と熱を当たり前のものと見なしてはならない。
　　　　　　　　　　　　※4　　　　　　　　　　　　　　※3

※1　このtodayは副詞ですが，主語の直後に付いたtodayは，形容詞的に主語を修飾しています。
　　よって「今日の〜」とします。「今日，人々は〜」とするのは誤りです。

※2　ここでは否定文のため，as did many in 〜 の訳は「〜の多くの人々のように」とすると，意
　　味が曖昧になります。よって「〜の多くの人々とは異なり」のようにした方がわかりやすい日本
　　語になります。

※3　take for granted 〜 の訳は「〜を当然だと思う」「〜を当たり前に思う」などでも可です。

※4　この文のprovidesの訳に「〜を提供する」は可ですが「〜を供給する」はやや不自然です。

英文分析

　asのあとの倒置形は，難しく感じる人が多いようです。「知識は力」なりです。

1.　asのあとの倒置形

　as S' *V'* が「S' *V'* のように」という意味に用いられるとき，しばしば倒置が起きます。

例1 Your son has studied hard, *as has everyone else.*
　　「他のみんなと同様に息子さんは頑張って勉強しました」

　英語では，一般に「文末強調」の傾向があります。例えば，次の So do I. の強勢は I
にあります。

例2 A: I like the Beatles.

B: So do I.

A：「僕はビートルズが好きだよ」

B：「僕もだよ」

この **例1** では，your son と everyone else が対比されていますから，everyone else に強勢を置くのが普通です。ところが，もし倒置にしないで Your son has studied hard, as everyone else has. とすると，「文末強勢」の原則から，has に強勢が置かれてしまいます。これではバランスが悪い文になってしまうわけです。

ですから，わざわざ倒置の形にするのだと考えられます。ただし，倒置されないこともありますので，あくまでも話者・筆者の判断ということを忘れないでください。

本問では，as many (people) in ancient civilizations <u>did</u> [＝ as many (people) in ancient civilizations <u>worshiped the sun</u>] が倒置された形です。

2.《not＋as〜》の訳出に注意

as S' V' が「S' V' のように」という意味を持つ場合，それが not や seldom などの否定的な副詞のあとにくると少々面倒です。例えば，下の例を考えてみてください。

例1 Bob did *not* return his book *as* the other boys did.

「ボブは他の少年たちと違って，自分の本を返却しなかった」

この文の意味することは，「他の少年たちは本を返却したが，それと同じようにボブが返却することはなかった」です。この場合に，誤解なく文意を伝えようとすると「他の少年たちとは違って」と意訳することになります。

例2 Bob did *not* obey the boss *as* the other boys did.

「ボブは他の少年たちのようにボスに従うということはなかった」

この文の場合には「従ったのは従ったが，他の少年たちとは違った方法で従った」という意味になる可能性がありますから，「〜とは違って」とするのは危険です。

本問では，その内容から **例1** と同じだと考えればよいでしょう。

3. 他動詞の覚え方

provide 〜 を「〜を供給する」と覚えている人なら，... the light and heat that it provides. を見た瞬間に「provides の目的語がない！」と気がつくはずです。そしてその瞬間に that は目的格の関係代名詞とわかるはずです。他動詞は必ず「〜を」を補って覚えてください。

16

S V that *S' V'*. → As *S V, S' V'*. の変化

〈***As it turned out***〉, Picasso 〈no longer〉 valued the precise
  M   S   M   V
depiction (of physical reality), 〈as did so many painters in those
  O   接 V'   S'
days〉; rather, he tended 〈to focus 〈on a more abstract form (of
      M₁   S   V   M₂
"self-expression.")〉〉

日本語訳例

結局のところ, ピカソは, その当時の多くの画家とは違い, 物理的な現実を精密に
        ※1
描写することを重視しなくなった。むしろ, より抽象的な「自己表現」という形態
                        ※4   ※3   ※2
に重きを置く傾向にあった。

※1　as it turned out は「判明したことによると」も可とします。

※2　precise は,「精密な (＝情報密度が高い)」という意味ですが,「正確な」でも×ではありま
　　せん。

※3　physical reality「物理的現実」を「肉体的現実」とするのは不自然です。

※4　否定文のあとの as did so many painters 〜 の訳は「あれほど多くの (〜の) 画家がやって
　　いたのとは違って」としても可です。ここでは so を訳さなくてもよいでしょう。この so の訳と
　　して「とても」は不適切です。as 〜 を「〜のように」と訳すのは避けましょう。

英文分析

1. *S V* that *S' V'*. → As *S V, S' V'*.

as を使った特殊構文です。

例1 ***As you know***, **he has a wide range of knowledge.**

　　「君も知っているとおり, 彼は博学だ」

この **例1** は, **You know that he has a wide range of knowledge.** の You know の

部分が as によって切り取られた形です。as は「だいたい等しい」が基本的な意味なので，「君が知っている」と「彼は博学だ」を「ゆるく」接続しています。この as の品詞を特定するのは困難ですが，「ゆるいつなぎ語」と理解しておけば十分だと思います。

例2 *As it happened*, **I did not have enough money with me.**

　「あいにく，十分なお金を私は持ち合わせていなかった」

この文は It happened that I did not have enough money with me. の変形ですが，happened は自動詞です。なお as it happened は「偶然に」が直訳ですが，「**マイナスの偶然**」の場合は「**あいにく**」と訳すのが定石です。

例3 **We were saving money to go to Europe, but** *as it was* **we could only afford to go on a camping trip.**

　「私たちはヨーロッパに行くために貯金していた。しかし実際にはキャンプ旅行をするのが関の山だった」

この文は，It was that we could ... が変形されたものです。was も自動詞です。

例4 *As it turned out*, **the movie did not need much promotion because word of mouth has spread like wildfire.**

　「結局のところ，その映画は口コミで野火のように広まり，たいして宣伝をする必要がなかった」

この文は It turned out that S' V'.「S' V' と判明した」の変形です。turned out も自動詞の扱いです。本問はこれと同じ形です。

例5 *As is usual*, **he ordered the paintbrushes to be placed in his order.**

　「いつものように，絵筆は彼の順序で置くように彼は命じた」

この文は It is usual that S' V'. が変形され As it is usual, S V. となり，さらにおそらくは発音のしやすさから it が脱落しました。さらに is が省略されて As usual となることもあります。

as は元来接続詞ですが，**例1**（As you know（ﾆ））**例5**（As（ﾆ）is usual）のように as のあとに名詞の欠落がある場合，疑似関係代名詞と呼ばれることがあります。

2. not as S' V' [V' S'] は，「S' V' と違って～」と訳す

本問を「ピカソは，その当時の多くの画家のように，物理的な現実を精密に描写することを重視しなくなった」とすると，「その当時の画家は，写実を重視していたのか，それともしていなかったのか」が曖昧です。よって「～と違って」と意訳します。（→ p.39）また as so many painters in those days did とすると，did が強調されてしまうため，S' V' が倒置されていることに注意してください。類例を挙げておきます。

例 **Most of us do not worship the sun as did people in the past.**

　「私たちの大半は過去の人々とは違い太陽を崇めたりはしない」

関係代名詞は代名詞と考えよう①

The company has accepted six applicants, {each (of *whom*) its
　S　　　　　　V　　　　　　　　O　　　　　　　　　　　　　　　　O'
CEO will welcome personally sometime ⟨during the first week (of
　S'　　助'　　　V'　　　　　M'₁　　　　　M'₂　　　　　　　　　　　　　　　　M'₃
April)⟩} .

日本語訳例

その会社は6名の入社希望者 を採用した。4月の第1週のどこかのタイミングで, そ
　　　　　　　　　　※2　　　　　　※1　　　　　　　　　　　　　　　　　　　　　　　　　　※7
の一人一人を, 会社の最高経営責任者が直々に 迎え入れる 予定だ。
　　※3　　　　　　　　　　　　　　　　　　　　※6　　　　　　※5　　　　※4

※1　本問の has accepted の訳に「〜を受け入れた」では不十分です。

※2　applicants の訳を「志願者」とするのは, ここでは避けたいですね。「応募者」「求職者」は
　　　可です。

※3　each of whom を「その一人一人」ときちんと訳すようにしましょう。関係代名詞が代名詞
　　　に見えていない場合「その」の訳が抜けてしまいます。

※4　will は未来なので「〜した」の類いは×です。また1人称が主語ではないので「〜するつもり
　　　だ」という訳も避けたいですね。

※5　本問の welcome 〜 の訳として「〜を歓迎する」「〜に歓迎の挨拶をする」なども可です。

※6　personally は「個人的に」でも可です。

※7　sometime「いつか」は「ときどき (= sometimes)」ではありません。

英文分析

　まず関係代名詞 whom を人称代名詞 them に置き換えます。そして each of them 以
下の文が O S V になっていることを確認してください。この文で以外と難しいのは
sometime の訳です。自然な日本語にするため十分に考えてみてください。

1. SVO→OSV

関係代名詞が使われた文もしばしばSVO→OSVになります。

例1 **This is the tool** {*which*~O'~ **I**~S'~ **used**~V'~ **yesterday**~M'~} **.**

「これは私が昨日使った道具だ」

「関係代名詞＝代名詞」に見えている人は簡単だと思います。which が前に置かれた理由は，一般の倒置と同じく「旧情報は前」の原則に従っているからです。

もう少し複雑な場合でも同じです。

例2 **She wrote many books,** {**some of** *which*~O'~ **you**~S'~ **may**~助~ **have**~助~ **read**~V'~ **before**~M'~} **.**

「彼女は多くの本を書いたが，その中には君が以前に読んだかもしれないものもあるだろう」

後半が，some of them you may have read before と同じに見えていれば OK です。もう1つ例を挙げておきます。

例3 **Susan lent me two books,** {**neither of** *which*~O'~ **I**~S'~ **have**~助~ **read**~V'~ **yet**~M'~} **.**

「スーザンは僕に本を2冊貸してくれたが，そのどちらもまだ読んでいない」

後半が，neither of them I have read yet と同じに見えれば OK です。なおこの文の中の neither は「どちらも〜ない」という意味の代名詞です。

本問では its CEO~S~ will~助~ welcome~V~ each of them~O~ の each of them が each of whom となり，SVの前に置かれた形となっています。

なお，本問のように《前置詞＋whom》の場合，whom を who で置き換えることはできません。

2. each について

each は主に代名詞か形容詞として使われます。

例1 **Each of us was assigned plenty of homework.** ※ Each は代名詞

「私たちの一人一人に多くの宿題が出された」

例2 **Each speaker was allotted ten minutes.** ※ Each は形容詞

「それぞれの講演者に10分が与えられた」

例3 **We loved each other.** ※ each は形容詞

「私たちは互い（←それぞれの他者）を愛していた」

※ each other は名詞の扱いなので「お互いに」と覚えてはいけません。

本問の each は，**例1** と同じ代名詞で「各々，各自」の意味です。

▶関係代名詞

関係代名詞は代名詞と考えよう②

My mother's guiding principle was "compassion (toward others),"
　　　　　　　　　S　　　　　　　　　　V　　　　　　C
{the importance (of **which**) I finally understood only ⟨after she
　　　　　O'　　　　　　　　　　S' M'₁　　V'　　　　M'₂
had passed away⟩} .
M'₃

日本語訳例

母の教育方針は「他人への思いやり」だった。私はその大切さを，母が亡くなって
　　　　　　※1　　　　　　　　　　※2　　　　　　　　　　　　　　　　　※3
から ようやく 理解できた。
※5　　※4

※1　guiding principleの訳としては「指針とする原則［信念，原理］」「指導原理」なども可です。
「信条」「モットー」なども可とします。

※2　compassionの訳語として「同情（＝sympathy）」は避けたいですね。

※3　the importance of which は「その重要性」の意味です。この訳語の「その」はtheの訳では
なく，whichの訳です。このwhichの訳語を忘れないように注意してください。またこれは旧情
報なのでできるだけ文の前に置くべきです。よって「私は母が亡くなってようやくその重要性を
理解した」などの訳は避けてください。

※4　finally は「ついに」「最終的に」などは不適切です。「やっと」は可です。

※5　only after ～「～のあと初めて」「～のあとようやく」とします。後者の場合は，finallyの訳
は不要です。

英文分析

《(V)ing＋名詞》は慎重さが要求されます。適当に扱ってはなりません。

1.《(V)ing＋名詞》

《(V)ing＋名詞》の形は3種類の可能性があります。

(1) 他動詞の動名詞＋その目的語の名詞

(2) 自動詞の現在分詞＋名詞

(3) 自動詞の動名詞＋名詞

(4) 形容詞＋名詞

(1) の例 Studying English is enjoyable.

「英語を勉強するのは楽しい」

(2) の例 An increasing number of people are having a pet dog.

「ますます多くの（←増加する数の）人がペットの犬を飼っている」

(3) の例 He rolled up his sleeping bag.

「彼は自分の寝袋を片付けた」

※ his sleeping bag ＝ his bag for sleeping と考えてください。

(4) の例 He made a surprising recovery.

「彼は驚くほど回復した」

本問の guiding principle は **(4) 形容詞＋名詞**で，「指導的役割を果たす原理」です。

2. ＳＶＯ→ＯＳＶの目的語の前置

まず関係代名詞 which を人称代名詞 it に置き換えます。そして the importance of it (O) I (S) understood (V) のＯＳＶの形を確認します。ＯＳＶの基本は「旧情報→新情報」なので I 以下が新情報です。訳出に際しては，英語の語順を尊重して，「旧情報→新情報」とします。

すると，「その重要性を私がようやく理解したのは，母が亡くなったあとだった」となると思います。これを「私は，母が亡くなってようやくその重要性を理解した」と訳しても×にはならないと思います。しかし，「英語の持つ流れを大切にして訳すこと」というのもぜひ頭に入れておいてください。類例を挙げておきます。

例 Tom took me to a car, the engine of which was running.

「トムはある車のところまで私を連れて行ったが，その車はエンジンがかかったままだった」

文の後半部分について，the engine of which の部分が旧情報に見えていれば OK です。which が代名詞に見えていれば大丈夫ですね。

3. only の訳について

《only＋副詞（句・節）》の訳出においては「〜しか…ない」という訳ではうまくいかないことがあります。そんな場合には**「〜して初めて」「〜してようやく」**という訳で試してみてください。本問では only after ... が該当箇所です。

例 This work was completed *only after very hard work.*

「この作品はかなりの努力のあとようやく完成した」

関係代名詞は代名詞と考えよう③

Some people are obsessed 〈by the idea (of attaining "celebrity,")〉
　S　　　　　V　　　　　　　　　　　　　　　　　　　　　　　M
{〈in pursuit (of *which*)〉} they may do all sorts (of foolish things
　　　　M'　　　　　　　　　　　S'　助'　V'　　　　O'
{*that* they will later come to regret})} .
　O"　S"　助"　　M"　　　V"

日本語訳例

「名声」を得るという考えに執着し，その目的のために，あとで後悔することになる
　　※2　　　　　　　　　　　　　　　　　　　　　　　　※1　　　　　　　※3・4
あらゆる種類の愚かなことをしてしまう人がいる。
　　　　　　　※5・6

※1　are obsessed by 〜 は「〜に取りつかれて」「〜に囚（とら）われて」「〜で頭が一杯で」なども可です。

※2　" " は訳では「 」としてください。

※3　in pursuit of which は，「それを求めて」「それを追求するために」なども可です。「著名人の追っかけをして」などは完全に誤訳です。

※4　in pursuit of which に続く部分から訳して「あとで後悔するあらゆる種類の愚かなものをやるかもしれない〜」とするのは避けてください。できるだけ英文の順序で訳すようにしましょう。

※5　do all sorts of foolish things that they will later come to regret を things で一旦切って「あらゆる種類の愚かなことをして，あとで後悔する」という訳は間違いではありませんが，関係代名詞の限定用法（コンマのない関係代名詞節）を訳す場合には，できるだけ関係代名詞節から訳すようにしてください。

※6　all sorts of foolish things を「愚かなことのすべての種類」とするのは避けましょう。

英文分析

何度も言いますが「関係代名詞が代名詞」に見えていたら簡単です。

1. some people の訳について

some は「存在はするがはっきりしない」という意味です。よって some people は，数人かもしれませんが，数万人かもしれません。よって「幾人かの人々」「何人かの人々」

という訳は避けましょう。

　最も自然な訳は**「〜な人もいる」**です。「一部の人々」という訳も × ではありませんが，不自然な日本語になることもあります。

　本問では，in pursuit of which 以下も some people の影響下にあるので，「〜に取りつかれている人もいるが，…かもしれない」という訳は避けましょう。文末で「〜な人もいる」とします。

2. 《前置詞＋名詞（句）＋前置詞＋関係代名詞》に注意

　《前置詞＋名詞（句）＋前置詞＋関係代名詞》でカタマリをつくる場合があります。大別すると次の 2 種類があります。

---

(1) 熟語的な表現
- S_1 V_1, by means of which S_2 V_2 　「S_1 V_1, その手段で S_2 V_2」
- S_1 V_1, in the course of which S_2 V_2 　「S_1 V_1, その間に S_2 V_2」
- S_1 V_1, in spite of which S_2 V_2 　「S_1 V_1, それにもかかわらず S_2 V_2」

(2) 場所の表現 《場所の副詞＋ V S》
- S_1 V_1, in the middle of which V_2 S_2 　「S_1 V_1, その真ん中に S_2 V_2」
- S_1 V_1, at the end of which V_2 S_2 　「S_1 V_1, その奥に S_2 V_2」

---

　(2) で V_2 S_2 の倒置は，《場所の副詞＋ V S》というタイプです。

　本問では，In pursuit of which でカタマリです。つまり In pursuit of it, they may do all sorts of 〜. と同じに見えれば OK です。なお，which の先行詞は the idea of attaining "celebrity" です。

3. all sorts of 〜 の訳について

　一般に A of B の訳は「B の A」ですが，次の場合は例外です。

「B の A」と訳さない A of B の形
- a lot of 〜 　　　　　　　「多くの〜」
- a large number of 〜 　　「（数に関して）多くの〜」
- a large amount of 〜 　　「（量に関して）多くの〜」
- a kind [sort] of 〜 　　　「一種の〜」 ※本問の形です
- many kinds [sorts] of 〜 「多くの種類の〜」

連鎖関係代名詞節に注意①

〈During one（of her jungle expeditions）〉, she encountered a
          M   S   V
species（of frog ｛*that* scientists had believed to have gone
  O₁   O'   S'   助'   V'   C'
extinct｝）, ｜as well as｜ an orchid species ｛*which she thought*
               接   O₂   S'' S' V'
［~~that~~ was the most beautiful ~~species~~ ｛*that* she had ever seen｝ ］｝.
O'→接 V''   C''   O'''(省略) S''' 助''' M''' V'''

日本語訳例

彼女は何度かジャングルを探検したが，ある探検のときに，科学者たちが絶滅した
                                        ※1
と思っていたカエル と，彼女がそれまで見た中で一番美しいと思ったランの花 に出
      ※3 ※4   ※5   ※3
合った。
※2

※1　この文でone of 〜 を「〜の一つ」と訳すと日本語が不自然ですが×ではありません。

※2　encountered 〜 の訳は「〜と遭遇した」「〜を偶然見つけた」「〜に出くわした」も可です。
　　「〜に出会った」は主に「人と人との出会い」に用いられるので避けましょう。

※3　speciesの訳を出して「カエルの種」「ランの種」としても可です。

※4　A as well as B は A and B とほぼ同意と考えてよいでしょう。

※5　「それまで見た中で」は，「今まで見た中で」ではありません。過去完了になっていることに
　　注意してください。

英文分析

連鎖関係代名詞節は think, believe などの基本動詞の用法理解が必要です。

1. 連鎖関係代名詞節

「彼は昨日何を買ったと思いますか」を英語にする場合, Do you think ...? で始めよう
としてはダメですよ。もしそうすると，答えは yes か no になってしまい「はい，思い

ます」など，おかしな答えが返ってきます。do you think は挿入として，What do you think he bought yesterday? とします。これと似たようなものが「**連鎖関係代名詞節**」です。「連鎖関係代名詞節」は《**先行詞＋関係代名詞＋S' V'＋主語あるいは目的語の欠落した文**》の形をとります。

例 **Mr. Davis gave some money to some children *who he thought* were hungry.**

「デイヴィスさんは空腹だと彼が思う子供たちにお金を与えた」

この文の he thought は「一種の挿入」に見えていればよいわけです。まずそのように理解した上で，さらにきちんと理解できるようにしてください。

---

① **まず，上の例のwhoをtheyに置き換える。**

Mr. Davis gave some money to some children. They he thought were hungry.

② **人称代名詞のtheyを本来あるべき場所へ戻す。**

Mr. Davis gave some money to some children. He thought they were hungry.

③ **thoughtのあとに「後続の文を1つの名詞節にまとめる特殊接続詞」thatを補う。**

Mr. Davis gave some money to some children. He thought that they were hungry.

このような過程を経て，元の2文に戻して理解してください。

連鎖関係代名詞節を訳す場合には，まず，that 内（ここでは were hungry）の部分を訳し，次に that の直前の S V の部分（ここでは he thought）を訳します。そして，それらが直前の先行詞（ここでは some children）を修飾するように整えます。

すると，「空腹だと彼が思う子供たち」＋「にデイヴィスさんはお金を（ある程度）与えた」となります。

本問では which she thought was the most beautiful she had ever seen の部分が連鎖関係代名詞節です。よって上の手順どおり訳すと「彼女がそれまで見た中で最も美しいと彼女が思った」となりますね。なお，the most beautiful she had ever seen の省略されたものを補うと the most beautiful species that she had ever seen となり，関係代名詞 that の先行詞は the most beautiful species です。

なお，「連鎖」という名前は，「S V と S V が鎖のように連なっている」ことから命名されました。

2. 関係代名詞は名詞の欠落を探そう

a species of frog that scientists had believed to have gone extinct の部分の that 以下は，一瞬で関係代名詞節とわかります。なぜなら believe は believe to (V) という形はとらないからです。つまり believe の直後に「名詞の欠落」があり，本来 believe O to (V)「O が〜する［である］と信じている」の，O が関係代名詞 that に代わり，scientists の直前に置かれた形だとわかればよいのです。

連鎖関係代名詞節に注意②

Later that month, the Vice President made an announcement {*that*
　M₁　　　　M₂　　　　　S　　　　　V　　　　　O　　　　　S"
she felt certain of it [that would increase her popularity (with
　S'　V'　　C'　　　　　　接　　助"　　V"　　　　　O"
voters)]}.

日本語訳例

その月の後半に，副大統領は，有権者の支持を高める と確信している発表を行った。
　　※1　　　　　※2　　　　　※6　　　　　　※4・5　　　　　※3

※1　「その月のあと」「その1か月後」などの意味ではありません。
※2　この文脈で the Vice President を「副社長」とするのは間違いです。
※3　「〜と確信している」は，「確実に〜と感じる」「〜を確実視している」でも可です。
※4　「自分の人気を押し上げる」「自分の人気を高める」なども可です。ただし「支持率」は approval rate という別の表現なので避けましょう。
※5　「人気が増す」のように popularity を主語のように訳すのは普通なら問題ありませんが，ここでは主格の関係代名詞である that の意味が出てこないので避けてください。
※6　voters を「投票者」とするのは，ここでは不自然です。

英文分析

1. 連鎖関係代名詞節

　前回でも述べたように，一般に連鎖関係代名詞節は次の形をとります。
《先行詞＋関係代名詞＋S' V'＋主語あるいは目的語の欠落した文》
　連鎖関係代名詞節の場合，V' の後ろには，必ず文が置かれます。よって，V' の部分に置かれる動詞は that 節を従えるものだけに限られます。連鎖関係代名詞節が用いられた英文では，V' に置かれているのは多くの場合，think, believe, know, feel などです。英字新聞では say も頻繁に見かけます。これら以外でも，*be* sure that S' V', *be* convinced that S' V' 「S' V' と確信している」，*be* told that S' V' 「S' V' と言われた」，

suspect that S' V'「S' V' だと疑う［だと思う］」など that 節を従えるものなら OK です。

例 Our new teacher was a woman who *we had been told* could speak five languages.

「新しく来た先生は，5か国語を話せるという話の女性だった」

この **例** の連鎖関係代名詞節の部分の元の形は，We had been told that she could speak five languages. です。

本問では，an announcement の直後の that she felt certain would increase her popularity with voters の部分が連鎖関係代名詞節です。元の文に戻せば She felt certain that it would increase her popularity with voters. となります。

2. 連鎖関係代名詞節内の that の省略

上の **例** で that（連鎖関係代名詞節内の「後続の文を1つの名詞節にまとめる特殊接続詞」）を省略しない場合，次のようになります。

→ **Our new teacher was a woman who we had been told *that* could speak five languages.**

この文の that could speak five languages の部分を見ると，「that の直後に主語が欠落しているので that は関係代名詞だ」と誤解してしまいます。このような誤解を招く恐れがあるため，この that は省略されていると考えればいいでしょう。本問も would の前に本来ある that が省かれています。

3. 関係代名詞の省略

本問の主格の関係代名詞は省略可能でしょうか。答えは「可能」です。関係代名詞の省略は次の条件を満たす場合に起こります。

> **関係代名詞の省略可の条件：**
> 関係代名詞が省略された場合に，先行詞のあとに接続詞や副詞やコンマなどがなく，S V が連続して置かれる場合

例1 This is a tool (*which*) *I used* yesterday. 「これは昨日僕が使った道具だ」

この例は，上の「関係代名詞の省略可の条件」をすべて満たしています。ですからこの文の which は省略可能です。この関係代名詞は used の目的語ですから目的格です。ただ「目的格だから省略できる」のではありません。

例2 This is a tool (*which*) *I believe* will help you.

「これは君に役立つと私が思っている道具だ」

この例も，上の「関係代名詞の省略可の条件」をすべて満たしています。この文の which は主格の関係代名詞ですが，省略された場合に a tool I believe と，《先行詞＋S V》の形になるため省略可能となります。

連鎖関係代名詞節に注意③

Compilers (of the new dictionary) decided [to include a large
　　S　　　　　　　　　　　　　V　　　　　O
number of illustrations and photographs] , {*which* *they*
　　　　　　　　　　　　　　　　　　　　　　S"　　S'
imagined [~~that~~ would increase the possibility (of its selling
　　V'　　　O'→接　　助"　　V"　　　　　　　　　　　O"
significantly well)]} .

日本語訳例

その新しい辞書の編集者らは，多くの図版や写真を掲載することにした。そのこと
　　　　　　　　　　　　　　　　　　　※2　　　　　　　　　※1
が，その売れ行きが大きく伸びる可能性を高めると想像したためだ。
※3

※1　include ～ の訳語として「～を取り入れる」「～を挿入する」は可ですが，「～を含める」「～
　　を入れる」は×ではないものの，やや不自然です。

※2　illustrationsの訳語は「イラスト」「挿絵」も可とします。

※3　whichの先行詞は直前のto include ... photographsという，文の一部なので，which以下の
　　部分から訳すのは避けましょう。「そのことで」と訳すこともできます。

英文分析

連鎖関係代名詞節は慣れてくると「当たり前」に見えてきます。頑張ってください。

1. 連鎖関係代名詞節

　本問で which they imagined は一見，ＯＳＶのように思われますが，そのあとの
would increase ... が余ってしまいます。よって，imagine が that 節を目的語にとるこ
とを考慮して，この部分が**連鎖関係代名詞節**であるとわかります。

　したがって which 以下は，they imagined that this would increase the possibility of
its selling significantly well を訳すのと同じように訳します。よって「このことが，売れ

行きを大きく伸ばす可能性を高めると想像したためだ」あるいは「このことで，売れ行きを大きく伸ばす可能性が高まると想像したためだ」とします。

　訳の中にある「〜のためだ」に対応する英語は本問にありません。それでもこの訳を補ったのは，前文とのつながりを自然なものにするためです。このように《コンマ(,)＋関係代名詞節》が前文の理由を補足する場合もあることを覚えておいてください。

2.《コンマ(,)＋which》が指すもの

　《コンマ(,)＋which》が，前文（あるいはその一部）を指すことがあります。この場合，通例 which の前にコンマが打たれます。

例1 **She spoke to me in French, which surprised me.**

　　「彼女はフランス語で私に話しかけてきた。そしてそれに私は驚いた」

　この例では「彼女がフランス語で私に話しかけてきた」という前文が which の先行詞になっています。

例2 **Some people have no breakfast, which is not good for their health.**

　　「朝食を食べない人がいるが，それは健康に良くない」

　この例では「朝食を食べない」が which の先行詞となっています。

　本問では，which が would increase the possibility of its selling significantly well「その売れ行きが大きく伸びる可能性を高めるだろう」の主語であることを考慮すれば，to include a large number of illustrations and photographs「多くの図版や写真を掲載すること」が先行詞と考えればよいでしょう。

　このような**「前文（あるいはその一部）を先行詞とするコンマ＋関係代名詞節」**は，**コンマまでを先に訳して，which 以下はあとで訳す**のが定石です。よって，本問も「その新しい辞書の編集者らは，売れ行きを大きく伸ばす可能性が高まると想像する多くの図版や写真を掲載することにした」という訳は誤りです。

3. 動名詞の意味上の主語

　本問の its selling significantly well は，It will sell significantly well. を動名詞を使って言い換えたものです。直前に possibility「可能性」とあり，この単語自体が未来を示唆するので，上記の文を動名詞にする場合，will の部分を無視しても問題ありません。

　動名詞の意味上の主語は，**所有格**にするか**目的格**にするのが原則です。この文では its という所有格が動名詞の意味上の主語となっています。訳は，元の文に戻して「それがかなりよく売れること」→「その売れ行きを大きく伸ばす（こと）」とします。

連鎖関係代名詞節に注意④

I have no precise memory (of [*what* ***I thought*** [t̶h̶a̶t̶ I could
S V   O   O" S'   V'   O'→接 S" 助
actually accomplish] 〈after becoming a physician〉]) ; I suppose
M"₁   V"   M"₂   S   V
[that I simply had a vague sense (of hoping [to contribute 〈to
O→接 S'   M'   V'   O'
society〉 〈in some way〉])].

日本語訳例

医師になったあと，自分が実際達成できると思っていたことに関して，はっきりし
※4   ※3   ※2
た記憶がない。ただ，何らかの形で社会に貢献したいと漠然と感じていたのだと思
※1   ※6   ※5
う。

※1　have no precise memory は「正確な記憶がない」「はっきりとは覚えていない」などでも可
　　です。

※2　what は疑問詞ととらえて，「自分に実際何が達成できると思っていたのか」としても構いま
　　せん。

※3　could は thought との時制の一致により could になっています。「〜ができた(と思っていた)」
　　と訳すのは不可です。

※4　physician「医師」は厳密にいうと「内科医（internist）」と同じではありません。ただし，イ
　　ギリス英語では，physician を「内科医」の意味で使うこともあります。

※5　had a vague sense of 〜 は，vaguely sensed 〜「〜と何となく感じていた」の名詞構文な
　　ので「漠然とした感覚を持っていた」という訳は避けたいですね。

※6　in some way は「何らかの方法で」などでも可です。「いくつかの方法で」は不適切です。

英文分析

　physician を「内科医」とする人が非常に多いので，気をつけましょう。勘違いして
いた人は上の※4と「単語チェック」を熟読してください。

1. 連鎖関係代名詞節

what で始まる関係代名詞節の場合も，連鎖関係代名詞節を作ることがあります。本問では，what I thought I could actually accomplish after becoming a physician の部分がそれに当たります。

what 節の中に think がある場合は厄介です。というのも think は，目的語に that 節以外の名詞を置く場合には通例自動詞で think of [about] 〜 の形で使いますが，what 節の中では think は他動詞として使うことができるからです。ですから，本問の what (O) I (S) thought (V)「私が考えたこと」だけでも十分に文として成立します。よって，もし本問が I have no precise memory of what I thought.「私が何を考えていたのかについてはっきりした記憶がない」で文が終わっているならば，それはそれで文として成立します。しかし，後ろに I could ... とあるので，困ったことになります。そこで I could ... も what 節の中に含める必要が出てくるわけです。

accomplish 〜 は「〜を達成する」という他動詞ですが，後ろにその目的語がありません。よって what が，accomplish の目的語であるとわかります。

以上のような考察から，what I thought I could actually accomplish after becoming a physician の部分の訳は，**what を疑問詞**と考えると，**「医師になったあと，自分に実際何が達成できると思っていたのか」**という訳になり，**what を関係代名詞**と考えると**「医師になったあと，自分が実際達成できると思っていたこと」**という訳になります。いずれでも間違いではありませんが，文法上は関係代名詞と考えた方がよいでしょう。

2. sense は他動詞 sense 〜「〜を感じ取る」の名詞形

英文中に動詞の名詞形がある場合，元の動詞に戻して訳した方が自然な訳になることがあります。例えば次の **例** を見てみましょう。

例 We made a detailed *examination* of our country's population statistics.

examination が，動詞 examine 〜「〜を調査する」の名詞形であることを意識すると，「我々は我が国の人口統計を詳しく調査した」という自然な訳文になります。examination を「試験」としか覚えていないとすると「我が国の人口統計の詳細な試験をした」となりますが，この訳はまずいですね。

本問の sense は，動詞 sense 〜「(五感，直感で) 〜を感じ取る，とらえる」の名詞形なので，そのことを意識した had a vague sense of 〜 の訳は，「〜を漠然と感じ取っていた」となります。

24 ▶強調構文

《It is＋名詞（句・節）／副詞（句・節）＋that ....》は強調構文を疑おう①

You should bear 〈in mind〉 [that **it is** your own opinion, not the
　S　　助　　V　　　M　　　O→接　　　　　　　　　　S'₁
opinion 〈of anyone else〉, **that** will be truly important 〈during the
　　　S'₂　　　　　　　　　助'　V'　M'₁　　C'
course 〈of your life〉〉].
　M'₂

日本語訳例

人生を送る中で本当に重要になるのは，誰か他の人の意見ではなくて自分自身の意
　※3　　　　　　　　　　　　　　　※2　　　　　　　　　　　　　　※1
見であることを忘れてはならない。

※1　「一般論を示す you」は通例「あなた」と訳しません。

※2　anyone else の訳は「他の誰か」「他人」でも可です。

※3　during the course of your life の訳は「人生の過程で」「人生の間で」「人生行路で」も可で
　　す。また，単に「人生の中で」とするのも可です。

英文分析

「強調構文」は受験業界の俗名であり，英語学では「分裂文」と言います。

1. 強調構文とは

通常の文の中の名詞（句・節）か副詞（句・節）を取り出して，it is と that で挟んだ
文のことを**「分裂文」**と言います。受験の世界では**「強調構文」**と言うのが普通ですが，
この呼称は誤解を招く可能性があります。なぜなら，この構文は，it is と that で挟まれ
た要素を強調しているとは限らないからです。例えば次の 例 を見てください。

Tom visited the town yesterday. の各下線部を it is と that で挟む

① 人物を表す名詞の Tom を挟む場合

　例 **It was** Tom **that [who]** visited the town yesterday.

② 人以外の名詞 the town を挟む場合

例 $\boxed{It\ was}$ the town $\boxed{that}\,[which]$ Tom visited yesterday.

③ yesterday を挟む場合

例 $\boxed{It\ was}$ yesterday $\boxed{that}$ Tom visited the town.

①のように，挟むものが「人物を表す名詞」の場合には it is 〜 that の代わりに **it is 〜 who** の形を使うこともあります。また②のように，挟むものが「人以外の名詞」の場合には it is 〜 that の代わりに **it is 〜 which** の形を使うこともあります。

①や③では it is 〜 that によって挟まれたものが強調されていますが，②のように，the town「その町」などの既出の名詞（＝旧情報）の場合には「旧情報から新情報へ」という情報の流れを作るために the town を it was 〜 that で挟んだと考える方が適切です。この場合，強調されているのは後ろにある Tom visited yesterday となり，「it is と that で挟まれた要素を強調している」とは必ずしも言えなくなります。

「訳出の決まり」などは存在しませんが，上記の①や③ならば it was 〜 that で挟まれたものを最後に訳して①「昨日その町を訪れたのは<u>トム</u>だ」，③「トムがその町を訪れたのは<u>昨日</u>だ」とするのが一般的です。また②の場合には旧情報から訳して「<u>その町を</u>トムは昨日訪れた」とすることも可能です。本問は①や③と同じです。

「強調構文をどこから訳せばよいのか」という質問をよく受けるのですが，それほど神経質になる問題ではありません。そもそも，強調構文がわかっていない場合は，it is を「それは」と訳してしまうため，理解している人としていない人の差は歴然だからです。

2. 《It is ＋ 名詞 ＋ that ＋ 名詞の欠落を含む文.》をどう見るか

《It is ＋ 名詞 ＋ that ＋ 名詞の欠落を含む文.》の形は「**強調構文**」か「**It が人称代名詞で，that が関係代名詞**」の2つの可能性があります。原則は文脈を考えて，どちらなのかを判断します。しかし，It is のあとの名詞が次の3つのいずれかの場合は，ほぼ100％強調構文と考えられます。

> **(1) 複数形の名詞**
> **(2) daughter や teacher といった「人」を表す名詞**
> **(3) 固有名詞／《one's ＋名詞》／《this ＋名詞》**

なぜなら，**(1)** It is のあとに複数形の名詞は続きません。**(2)** 人を指す代名詞は通例 it ではなく he / she などです。**(3)** 固有名詞／《one's ＋名詞》／《this ＋名詞》で，後ろが関係代名詞の場合，固有名詞／《one's ＋名詞》／《this ＋名詞》＋コンマ＋関係代名詞となるのが通例です。強調構文の場合にはコンマがないので強調構文だとわかります。本問は not the opinion of anyone else が挿入されているため，that の前にコンマが打たれていることに注意してください。

《It is＋名詞(句・節)／副詞(句・節)＋that ....》は強調構文を疑おう②

_It is_ _not_ the expensiveness （of a gift） **_that_** will usually be
most important 〈to a recipient〉 _but_, rather, the human feeling
{〈with which〉 the gift has been given} .

S₁ / 助 / M₁ / V / C / M₂ / 接 / M₃ / S₂

日本語訳例

普通，贈り物を受け取る人にとってとても大切なのは，贈り物が高価かどうかでは
なく，むしろ，相手が，その贈り物をどのような気持ちで贈ったのかということで
ある。
※2　　　　　　　　　　　　　　　　　　　　　　　※1
　　　　　　　　　　　　　　　　　　　　　　　　　　　　　　　※3

※1　the expensiveness of a gift は「贈り物の高価さ［値段の高さ］」という訳は自然ではありま
　　せん。expensiveness を形容詞に戻して訳します。なお「贈り物の値段［費用］」は誤訳です。

※2　recipient の訳として「受取人」は不自然です。

※3　the human feeling with which the gift has been given は「贈り物に込められた人の気持ち」
　　「その贈り物に込められた贈り主の気持ち」「贈り物が贈られた際の贈り手の感情」などでも可で
　　す。多い間違いは「贈り物が与えられた人間の気持ち」としてしまうことです。これでは「贈ら
　　れた側の気持ち」になってしまいます。

英文分析

《前置詞＋関係代名詞》の訳もポイントとなります。

1. 強調構文と not _A_ but _B_

強調構文において It is 〜 that で挟むものが not _A_ but _B_ の場合，It is not _A_ but _B_
that .... となります。

例1 **_It was_** _not_ **what Daniel said** _but_ **how he said it** **_that_** **hurt her feelings.**
「彼女を傷つけたのはダニエルが言ったことではなくその言い方だった」

この文の変形として，but B が文末に置かれることがあります。

例2 *It was* not **what Daniel said** *that* **hurt her feelings,** *but* **how he said it.**

この場合，意味は同じと考えてかまいません。

この **例2** で筆者が一番言いたいのは最後の but how he said it の部分です。この例からも「強調構文は，強調するものを it is 〜 that で挟む」というのが必ずしも当てはまらないとわかりますね。ですから英語学では「分裂文」という名称が採用されているのです。

本問の元の文は，次のようになります。

[元の文] Not the expensiveness of a gift but, rather, the human feeling with which the gift has been given will usually be most important to a recipient.

まず，この文の主語の部分を it is 〜 that で挟みます。

→ It is not the expensiveness of a gift but, rather, the human feeling with which the gift has been given that will usually be most important to a recipient.

さらに，but ... given を文末に置き（これを「外置」と言います）できあがったのが本問の文です。

→ It is not the expensiveness of a gift that will usually be most important to a recipient but, rather, the human feeling with which the gift has been given.

2.《前置詞＋関係代名詞》の訳出について

本問の the human feeling with which the gift has been given の部分を考えていきます。まず関係代名詞を人称代名詞に変換すると，the human feeling ＋ with it the gift has been given「人間の感情」＋「その感情を持って，その贈り物が与えられた」となります。これを直訳（関係代名詞節が先行詞を修飾しているように訳すこと）すると「その贈り物が贈られた際の人間の感情」となります。しかし，このままでは，feeling を抱くのが贈り物を贈る側なのか贈られた側なのかがよくわかりません。そこで，主体を明示して「相手がその贈り物を贈る際の気持ち」とします。この訳は the human feeling に「焦点」が当たっていますが，その「焦点化」を外して訳して「相手が，その贈り物をどのような気持ちで贈ったのか」とすると日本語が整います。

《前置詞＋関係代名詞》を含む文を訳す場合，関係代名詞節を先に訳して，次に先行詞を訳す，というのが一般的ですが，上で見たように，それでは日本語が不自然になることがあります。そのような場合には，元の文に戻して訳してみてください。

例 We were surprised at the ease with which she had solved the problem.

「彼女がその問題を解いた簡単さに私たちは驚いた」（ややぎこちない訳）

「彼女がその問題を簡単に解いたので私たちは驚いた」（自然な訳）

▶強調構文

《It is＋名詞(句・節)／副詞(句・節)＋that ....》は強調構文を疑おう③

26

It was *not* the policies（of the government）*that* angered the
public *so much as* the arrogant manner {〈in which〉 they were
carried out} .

（S₁の下に the policies、Vの下に angered、Oの下に public、S₂の下に the arrogant manner）

日本語訳例

大衆を怒らせたのは，政府の政策 というよりむしろ それらが実行に移された際の傲
慢なやり方だった。
　　　　　　　　　　　　　　※2　　　　　　　　　　※1　　　　　　　　　　　　ごう
　　　　※3　　　　　　　　　　　　　　　　　　　　　　　　　　　　　　　　　　まん
　　※4・5・6

※1　not *A* so much as *B*「*A*というよりむしろ*B*だ」を，not *A* but *B* と混同して「*A*でなくて*B*
　　だ」とするのは誤りです。

※2　「政府の<u>その</u>政策」は不適切です。the 〜 of *A* の場合 the は訳しません。同様に「<u>その</u>傲慢な
　　やり方」も不適切です。

※3　the public は「民衆」「国民」も可とします。「公衆」も可とします。

※4　the arrogant manner in which ... の訳として「それらが実行されるのに用いられた傲慢なや
　　り方」でも可です。また，元の文を考えて「それらが傲慢なやり方で実行されたこと」とするこ
　　ともできます。ただし「それらを実行した傲慢なやり方」では不自然です。

※5　manner は「やり方」「方法」です。「態度」も可です。（類例）The actress had an arrogant
　　manner.「その女優は横柄な態度をとった」

※6　they were carried out の they を「政府」と勘違いし，さらに受動態を無視して「それらが行
　　った」「政府が行った」とするのは完全な誤訳です。

英文分析

1.　not *A* so much as *B* の成り立ち

例1 Tom is *not as* quiet *as* Bob.
「トムはボブほど物静かではない」

否定文では not as ～ as の代わりに not so ～ as とすることもありますから，前ページの **例1** は，Tom is not so quiet as Bob. としても意味は変わりません（ただし，この形は今ではあまり使われていません）。この文で，［Tom の物静かさ］＜［Bob の物静かさ］の関係が理解できれば OK です。これを参考にして次の文を考えてみましょう。

例2 Tom is *not so much* a teacher *as* a poet.

　　　「トムは詩人というほど教師ではない」

　→「トムは教師というよりむしろ詩人だ」

この文では［トムの教師のレベル］＜［トムの詩人のレベル］という関係が成立しているのがわかれば OK です。そこから「教師というよりむしろ詩人だ」という訳が出てきます。

so という副詞の直後に a teacher という名詞は置けないので much が繋ぎ語として必要となると考えればいいでしょう。

今では not so much *A* as *B* は「*A* というよりむしろ *B* だ」という意味の熟語として認識されるようになりました。さらに，本問にあるように，その変形の not *A* so much as *B* という形で用いることもあります。こうなると，元の比較の形から逸脱した感じですね。

2. 強調構文と not *A* so much as *B* の組み合わせ

強調構文と not so much *A* as *B* / not *A* so much as *B* が組み合わさって使われることがあります。

例1 *It is* *not* mathematics *so much as* English *that* irritates me.

　　　「私をいらつかせるのは数学というよりむしろ英語だ」

so much as *B* が文末に置かれることもあります。

例2 *It is* *not* mathematics *that* irritates me *so much as* English.

　　　「私をいらつかせるのは数学というよりむしろ英語だ」

本問は **例2** の形です。強調構文に変形する前の元の文は次のとおりです。

［元の文］Not the policies of the government so much as the arrogant manner in which they were carried out angered the public.

この文の主語の部分を it is ～ that で挟むと次のようになります。

It was not the policies of the government so much as the arrogant manner in which they were carried out that angered the public.

さらに，so much as the arrogant manner in which they were carried out を文末に置くと本問の形になります。

27 ▶強調構文

《It is＋副詞（句・節）＋that＋完全な文.》は強調構文①

〈In those days〉, the museum had a lot of difficulties, ｛which were
M ・・・・・ S ― V ＿＿ O ・・・・・ S' V'
largely due to lack（of funds）｝. **_It was_** mainly〈thanks to the
M' ＿＿＿＿ C' M₁
support and generosity（of a few wealthy people（in the 1930s））〉
＿＿＿＿＿＿＿＿＿＿＿＿＿＿＿＿＿ M₂
that art works could be bought ｜and｜ buildings ~~could be~~
S₁ 助₁ V₁ 接 S₂ 助₂
improved.
V₂

日本語訳例

その当時，その美術館は多くの困難を抱えていたが，そうした困難は主に資金が不
　　　　※1　　　　　※2　　　　　　　　　　　　　　　　　　　　　　　　　　※3　※4
足したためであった。美術品を購入し，建物を改良できたのは，主に1930年代に一
　　　　　　　　　　　　　　　　　　　　　　　　　　　　　　※8　　　　　　　　※5
部の裕福な人々が支援したり惜しみなく寄付をしたりしたからである。
　※7　　　　　　　　　　　　　　　　　　　　　※6

※1　in those daysの訳は「当時」「その頃」でも可です。

※2　the museumの訳は，ここでは「その博物館」は不適切です。「その」のない訳は不可です。

※3　ここでの《コンマ（, ）＋which》の先行詞は，直前の文ではなく a lot of difficulties です（which のあとの動詞が was ではなく were です）。よって，先に関係代名詞節を訳して「主に資金が不足していたことが原因である多くの困難」とすることもできます。

※4　largelyは「主に」という意味です。「多くの資金不足」などは誤訳です。

※5　mainlyは「主に」という副詞で，thanks to 〜 を修飾しています。

※6　generosityの訳に「寛大さ」は×にはできませんが避けたいですね。

※7　a fewの訳として「数人の」「少しの」「少数の」は避けてください。

※8　「美術品が買われ，建物が改良された」ではcouldの訳が抜けています。

英文分析

　本問に含まれている「中抜き構文」は，あとの単元（➡ p.138）で扱いますが，非常に重要な項目です。

1. 副詞（句・節）を伴う強調構文

　副詞（句・節）が It is 〜 that に挟まれて「強調構文」になることがあります。この場合にはすぐに，強調構文とわかります。というのも《It is＋副詞（句・節）＋that＋完全な文.》という形は強調構文以外にはまず考えられないからです。

　なお，ここで言う「副詞（句・節）」というのは，**(1) 副詞　(2) 副詞句（前置詞（扱いの熟語）＋名詞）　(3) 副詞節（接続詞＋S V）** のことです。

例1 *It was* *only recently* *that* I realized how ignorant I was of English.
「私が英語に対していかに無知かを知ったのはつい最近のことだ」（**(1)** の例）

例2 *It was* *by working hard every day* *that* he succeeded in his business.
「彼が商売で成功を収めたのは毎日一生懸命働いたからだ」（**(2)** の例）

例3 *It was* *not until I traveled to India* *that* I realized that life was precious.　「インドを旅して初めて命の尊さを知った」（**(3)** の例）

　本問では，It was のあとに mainly thanks to 〜 とあります。まず thanks to 〜 は，thanks to で1つの前置詞の扱いとなり，thanks to 〜 で1つの副詞句を作ります。さらに，that のあとには art works could be bought and buildings (could be) improved「美術品を購入し建物を改良できた」は1つの完全な文です。ですから，この文は強調構文であることがすぐにわかるわけです。本問は上記の例では **例2** に当たります。

2. A B C and A' B C' の形からの省略

例1 Arrogance may become the result of having too much pride, and self-loathing of too much humility.
「傲慢さは大きすぎる自尊心を持つこと，自己嫌悪は過剰な自己卑下という結果につながるかもしれない」

　A B C, (and) A' B C'. の B の省略のような「中抜き」は非常に難しく感じられます。この **例1** を元の形の文に戻せば，次のようになります。

→ Arrogance <u>may become the result</u> of having too much pride, and self-loathing <u>may become the result</u> of too much humility.

例2 Arrogance may become the result of having too much pride, self-loathing of too much humility.

　さらに **例2** のように，and が省略されたり，あるいは and が ;（セミコロン）になることもあります。

　本問では art works <u>could be</u> bought and buildings <u>could be</u> improved が元の文で，後半の could be が省略されています。

《It is＋副詞（句・節）＋that＋完全な文.》は強調構文②

The first use of forks dates back 〈to roughly 2000 B.C.〉, but *it is*
　　　　S　　　　　　　V　　M₁　　　　　M₂　　　　　　　接
〈only in the last three hundred years or so〉 *that* forks have come
　　　　　　　M₁　　　　　　　　　　　　　　　S　助　　V
〈into widespread use〉〈in the U.K.〉
　　　M₂　　　　　　M₃

日本語訳例

最初のフォークの使用はおよそ紀元前2000年まで遡る。しかし，フォークがイギリスで広く使われるようになったのは，わずかここ300年かそこらのことにすぎない。

※1　前半は「最初のフォークが使われたのは，およそ紀元前2000年のことだ」も可です。
※2　only in the last three hundred years or so を「300年ぐらい前に初めて」と訳すのは，この文が現在完了であることを考えると避けたいですね。

英文分析

「どうして it is のあとに前置詞 in が使われているのか」という疑問が重要です。

1. 副詞（句・節）を伴う強調構文

but 以下の文では，it is のあとに，only in the last three hundred years or so という副詞句がきており，さらに that がそのあとに続いています。この段階で，「おそらく強調構文だ！」と思ってください。念のため that 以下が完全な文かどうかを確認します。that 以下は「フォークがイギリスで広く使われるようになった」という1つの完全な文になっています。これから，やはりこの it is ～ that S V は強調構文であると判断します。

よく「強調構文が見抜けません」という学生がいますが，本来，英文は「見抜く」なんていう作業をしなくてもいいように書かれているはずです。ですから，強調構文は，そのほとんどが文脈をよりどころとしなくても「見た瞬間にわかる」ものなのです。特

に《It is＋副詞的要素＋that S V ....》の場合は簡単ですからぜひ覚えておいてください。

2.《only＋副詞（句・節）》の訳出

only は「〜のみ」が直訳ですが，《only＋時を表す副詞（句・節）》の場合には，「〜して初めて，ようやく」という訳が適切です。また「〜しか…ない」という否定的な訳をすることもあります。

例1 I had my hair cut short *only* recently.

「最近になって初めて髪を短く切った」（〜して初めて，ようやく）

例2 This space is open to *only* children under 3.

「このスペースは3歳未満の子どもにしか開放されていない」（〜しか…ない）

本問も only を否定語ととらえ「ここおよそ 300 年しか経っていない」と訳すことも可能です。

3.《現在完了＋in＋期間を示す名詞》

例1 I *have lived* in this town <u>for</u> over ten years.

「私はこの町に 10 年以上住んでいる」

例2 This town *has changed* greatly <u>in</u> the last ten years.

「この町はここ 10 年で随分と変わった」

この **例1** は，**「現在完了の継続用法」**であり，「ある状態が，ある期間継続していること」を表します。この場合は，動詞は状態動詞が用いられ，かつ**期間を示すために前置詞 for** が用いられます。

一方，**例2** は，**「現在完了の完了用法」**であり，「ある期間かけて，ある動作が完了した」ことを表します。この場合は，動詞は動作動詞が用いられ，**動作の完了に要した時間を示す前置詞 in** が用いられます。

本問では have come into ... と動作動詞が用いられているので，in the last ... となっています。

4. 単語から得られるイメージを大切にしよう

本問中の 〜 come into widespread use は，「〜が広い使用の中に入ってくる」が直訳です。それがどういうことを表したいのかを考えてみてください。ちょっと考えればわかりますね？　つまり「幅広く〜が使われる」という意味です。put 〜 to use はどうでしょうか。「〜を使用に置く」が直訳です。これも「〜を使用する」という訳が可能です。訳をするときには頭を柔軟にして，「言いたいこと」を考えるようにしてください。困ったときには「直訳」をしてみて，その基本的な意味を考えるようにしてください。そこからイメージをふくらませると，意外と簡単に理解できるものですよ。

《It is not＋副詞句＋that S' V' but＋副詞句.》の強調構文

$\underline{\textit{It was}}$ *not* ⟨with a view to acquiring financial gain⟩ $\underline{\textit{that}}$ she
　　　　　　　　　　　　　　　　M₁　　　　　　　　　　　　　　　S
applied ⟨for the newly created position⟩ *but* ⟨in the belief [that the
　V　　　　　　　　M₂　　　　　　　　　　　接
work would be personally fulfilling]⟩.
　　M₃

日本語訳例

彼女が新設されたその役職 に志願したのは，金銭的な利得 のためではなく，その仕
　　　　　　　　　※4　※3　　　　　　　　　　※2　　　※1
事が個人的に充実感を与えてくれる だろう と思ったからである。
　　　　　　　　　※7　　　　※6　　　※5

※1　with a view to ～ は「～を目的として」という熟語です。「～に目を向けた」は可ですが，「～の観点で，～の視点で」などは不適切です。

※2　financial gainの訳として「経済的な利益」「財政的な利益」は避けてください。

※3　applied for ～ は「～に応募した，～に申し込んだ」も可です。「～に立候補した」は不可です。

※4　positionはここでは「役職」が適切です。「部署」「立場」「地位」は不適切，「職」は許容です。

※5　the belief that S' V'の訳は，「S' V'という信念／信条」などは避けましょう。

※6　wouldを訳に含めない「充実していると思った」などの訳は不適切です。

※7　fulfillingの訳は「充実感が得られる」「やりがいがある」「達成感を与えてくれる」「満足のいくものになる」なども可です。

英文分析

belief を見て believe の名詞形に見えれば合格です。

1. 副詞（句・節）を伴う強調構文

本問は《It is not＋副詞句＋that S' V' but＋副詞句.》の形の強調構文です。but 以下が一番言いたい部分なので文末に置かれています。この文を，強調構文を用いないで書くと以下のようになります。

She applied for the newly created position not with a view to acquiring financial gain but in the belief that the work would be personally fulfilling.

このままだと，後半が長くて重たい感じがしますね。この文の not with a view to acquiring financial gain を It was と that で挟んだ形が本問です。この方が読みやすいと思いませんか？　また，この方が but 以下が引き立ちますね。

2. 前置詞 to を用いた熟語

本問の《with a view to 名詞・動名詞》「～するために」は，前置詞 to を用いた熟語です。to には to 不定詞（to (V)）の形もあるので混乱しやすいですね。ここに前置詞 to を用いた代表的な熟語を挙げておきます。

1. **be used to ～「～に慣れている」**　※ used「慣れて」は形容詞です。
   例1 Miki *is used to* <u>speaking</u> in public.
   「ミキは人前で話すのに慣れている」

2. **look forward to ～「～を楽しみにして待つ」**　※ forward「前方へ[に]」は副詞です。
   例2 I *am looking forward to* <u>meeting</u> you.
   「私はあなたに会えるのを楽しみに待っています」

3. **object to ～「～を嫌がる，～に（感情的に）反対する」**
   例3 My mother *objected to* <u>doing</u> the shopping at the shop.
   「母はその店で買い物をすることを嫌がった」

4. **when it comes to ～「～と言うことになれば」**　※ it は「状況の it」なので訳は不要です。
   例4 *When it comes to* <u>playing</u> tennis, she is second to none.
   「テニスということになると，彼女は誰にも負けない」

5. **devote ... to ～「…を～に捧げる」**
   例5 Bob *devoted* his energies *to* <u>writing</u> novels.
   「ボブは小説の執筆にエネルギーを注いだ」

6. **What do you say to ～?「～はどうですか」（提案）**
   例6 *What do you say to* <u>going</u> to see a movie?
   「映画を見に行くのはどうですか」

3. 名詞構文（動詞・形容詞の名詞形を用いた構文）

本問の belief that S' V' は，believe that S' V' を変形した形です。このような場合には「S' V' という信念，考え」という直訳は避けて，動詞の形を意識して「S' V' と信じていること，思うこと」とすると自然な訳になります。このように動詞・形容詞の名詞形を用いた文を「**名詞構文**」と呼びます。

《疑問詞＋is it that ～?》の強調構文

The U.S. Department of State, 〈unable to determine [who ***it was***
　　　　　　　S　　　　　　　　　　助扱い　　　V'　　　　S"

that had leaked the confidential information 〈to the press〉]〉,
　助"　　V"　　　　　　　　O"　　　　　　　　　　　M"

asked the FBI [to conduct a thorough investigation].
　V　　O₁　　　　　　　　O₂

日本語訳例

米国国務省は，その機密情報を報道機関に漏らしたのが一体誰なのか特定 できず，
　　　　　　　　　　　　　　※5　　　　　　　　　※4　　※3　　　　　　※2　　※1

連邦捜査局に徹底的な調査を要請した。
　　※7　　　　　　※8　　　　　※6

※1　unable to ... press は分詞構文なので，この部分を The U.S. Department of State にかけて
　　　「～ができない米国国務省」と訳すのは不適切です。

※2　determine ～ は「～を決める」という訳語では不自然です。

※3　who it was that ... は強調構文なので，「一体」という強意の副詞を添えて訳します。

※4　leaked ～ は「～をリークした」，the press は「マスコミ」でも可です。

※5　the confidential ... は「その機密…」とします。「その秘密…」は不可です。

※6　asked O to (V) は「要請した，依頼した，求めた」が適切です。「頼んだ」は△です。

※7　FBIの訳はFBIのままでも可です。

※8　thorough は「徹底的な，徹底した」が適切です。「撤底的な」「完全な」は不可です。

英文分析

「マル秘」文書は，英語では CONFIDENTIAL というハンコが押されます。

1.　《疑問詞＋is it that ～?》

it is ～ that の強調構文で，「～」に置かれるのは名詞（句・節）あるいは副詞（句・
節）でした。よって，「～」には**疑問詞**が置かれることもあります。副詞に分類できる疑
問詞には why, how, when, where があり，名詞に分類される疑問詞は who, what, which

などがあります。では，疑問詞を含んだ強調構文が，どのような形でできあがるかを，順を追って考えてみましょう。

① 元の文は次のような形です。

Why did he get angry?

「なぜ彼は怒ったの？」

② it was ～ that で why を挟みます。

→ *It was* <u>why</u> *that* **did he get angry?**

③ 疑問詞を文頭に移動して，it was を疑問文の形にします。

→ ***Why*** **was it that did he get angry?**

④ 「1つの文中に疑問文の形は1箇所だけ」というルールがあるので，後半は普通の語順にすればできあがりです。

→ **Why was it that he got angry?**

「彼が怒ったのは一体なぜなんだ」

以上から，一般的に**《疑問詞＋is it that ～?》の文は強調構文**だとわかります。訳出に際しては疑問詞の部分を強調するように，例えば「一体（全体）」などの日本語を補えばよいでしょう。

本問では who it was that had leaked the confidential information to the press の部分が強調構文になっています。who was it となっていないのは「たとえ疑問文でも，文中では疑問形にはしない」というルール（間接疑問）のためです。この文の元の形は who had leaked the confidential information to the press です。

2.《S, (V)ing ／ (V)p.p. ／形容詞／名詞, V ...》

分詞構文が主語の直後に置かれることがあります。その場合には**分詞構文の前後にコンマ**を付けます。また《being＋(V)p.p. ／being＋形容詞／being＋名詞の形の分詞構文》の場合，しばしば being が省かれます。

本問では，unable to determine who it was that had leaked the confidential information to the press が分詞構文です。unable は able の反意語で，「～できない」という意味の形容詞です。unable の前の being が省かれていると考えてください。

分詞構文を訳す場合には，明確な接続詞などを補うのではなく，日本語が不自然にならない程度に「サラッ」と訳してください。本問では「～できず」ぐらいで十分ですね。参考書によっては，「分詞構文は時，条件，譲歩などの接続詞を補って訳す」と書いてあるものもあります。これはこれで間違いとまでは言いませんが，そもそも「原文に書かれていないものを補って訳すのは原文を損ねてしまう」と考えることもできますね。

③① 強調構文と形式上の主語の見分け方

It is a common misconception [***that*** the pyramids (of Egypt) were constructed ⟨by slave labor⟩]. ⟨In fact⟩, archaeological research indicates [that the laborers were recruited ⟨from ⟨among poor farmers⟩⟩] ⟨and⟩ [that they were paid].

日本語訳例

エジプトのピラミッドが奴隷たちの労働によって建設されたというのは，よくある誤解だ。実際，考古学的な研究によると，そうした労働者は貧しい農民の中から集められ，賃金が支払われていたということがわかっている。

※1　a common misconception は「ありがちな思い違い」は可です。common の訳として「よく見られる」「一般的な」「有名な」「共通の」というのは不適切です。

※2　slave labor の訳を「奴隷労働」とするのは不適切です。「奴隷労働」とは「労働する人間の人格を無視して所有者によって強制される労働」の意味です。

※3　indicates 〜 の訳語は「〜を示している」「〜を明らかにしている」なども可。なお，第2文の and は，indicates の目的語となる2つの that 節をつないでいます。

※4　the laborers の the は訳すべきです。例えば「そうした」とします。

※5　were recruited の訳は「雇われた」「採用された」「募集された」でも可です。

※6　from among 〜 の訳として「〜の間から」は不自然です。

※7　they were paid の訳を，単に「彼らは支払われていた」とするのは不十分です。「お金［給料／賃金］が支払われていた」などとします。

英文分析

文頭の It がどのような働きをしているのかを確認してください。

1. 強調構文［分裂文］と形式上の主語との違い

3つの形に分けて考えていきましょう。

(1)《It is＋形容詞＋that S' V'》の場合

これは強調構文ではありません。なぜなら強調構文の It is ～ that で挟まれるのは**名詞（句・節）か副詞（句・節）**だけだからです。よって，下の **例1** の《It is＋形容詞＋that S' V'》では It は形式上の主語であり，that は**後続の文を1つの名詞節にまとめる特殊接続詞**です。訳出は「S V なのは～だ」とします。

> **例1** *It is* obvious *that* his demands are unrealistic.
> 「彼の要求は非現実的であるのは明らかです」

(2)《It is＋名詞（句）＋that S' V'（完全な文）》の場合

It が形式上の主語の場合には，that 以下には1つの完全な文がきます。強調構文の場合には，that 以下には「主語か目的語の欠落した文」がきます。

> **例2** *It is* a pity *that* you missed such a golden opportunity.
> 「あなたがそのような絶好の機会を逃したのは残念です」

この **例2** の you missed such a golden opportunity「あなたがそのような絶好の機会を逃した」は1つの完全な文なので，It は形式上の主語で that は**後続の文を1つの名詞節にまとめる特殊接続詞**ということになります。

(3)《It is＋名詞（句・節）＋that＋S や O などの名詞の欠落した文》の場合

that 以下に「名詞の欠落」があったとしても，必ずしも強調構文とは限りません。It が人称代名詞で，that が関係代名詞の可能性があるからです。どちらなのかは，それぞれで訳してみて，意味が通る方を選びます。

> **例3** At the secondhand bookstore, I came across a book with a weird cover. *It was* a novel *that* had been written about 200 years before.
> 「その古本屋で私は奇妙な表紙の本を見つけた。それはおよそ200年前に書かれた小説であった」

この **例3** で，第2文をもし強調構文だと考えると，「およそ200年前に書かれたのはある小説だった」となり，第1文と意味がうまくつながりません。よって It は a book with a weird cover を指す人称代名詞で，that は関係代名詞ということになります。

本問第1文は，上記の **(2)** に当たり，強調構文ではありません。

2. 前置詞のあとに副詞（句）が置かれることがある

前置詞のあとには，原則として名詞あるいは動名詞が置かれます。しかし，from の場合には副詞や副詞句が置かれる場合があります。例えば from abroad「海外から」，from under the table「テーブルの下から」などです。

本問では，from among poor farmers「貧しい農民の中から」の部分です。

▶ 比較

A is as 〜 as *B.* は
元の文を考える①

The Labrador Retriever is ***as*** different from the Chihuahua 〈in
<u>temperament</u>〉 〈***as*** it is 〈in both size and appearance〉〉.

S ── V ── C ── M ── 接 S' V' ── M'

日本語訳例

ラブラドルレトリバーは，大きさや外見においてと同じくらい，気質においてチワ
ワとは異なる。
　　　　　　　　　　　　　　　　　　　　　　　　　※1　　※2

※1　as 〜 as構文がつかめていない訳だと「ラブラドルレトリバーは，大きさや外見のどちらに
　　おいても，チワワの気質とは異なる」「ラブラドルレトリバーは，チワワと気性が違うように，大
　　きさや外見も違う」「ラブラドルレトリバーは，体のサイズ，外見だけでなく気性までもがチワワ
　　に似ていない」などの誤訳になります。
※2　temperament「気質」は，temperature「温度」と同系語です。「気分の温度」というイメージ
　　です。

英文分析

　短い簡単そうな文ですが，間違う人は多いので注意してください。

1. *A* is as 〜 as *B.* は元の文を考えてみよう

　2番目の as は接続詞で，そのあとには本来は1つの完成した文が置かれます。ただ
し，1番目の as のあとに置かれている形容詞や副詞が，2番目の as のあとでは通例省
略されます。ですから結果として2番目の as のあとには不完全な形の文がきます。

例1 I am *as* interested in math *as* I am ~~interested~~ in chemistry.

　　「私の数学に対する興味の程度」≧「私の化学に対する興味の程度」

　→「私は化学と同じぐらい数学に興味を持っている」

　この **例1** では，1番目の as のあとの interested が，2番目の as のあとの文の中では
通例省略されます。なお I am も共通要素ですが，これは省略してもしなくてもどちらで

も OK です。個人差がありますが，省略しない英語ネイティブも少なくありません。

例2 **Our body language is *as* far from the Spanish one *as* our language is far from Spanish.**

[私たちのボディ・ランゲージとスペイン人のボディ・ランゲージとの距離]
≧ [私たちの言語とスペイン語との距離]
→ 「私たちのボディ・ランゲージとスペイン人のボディ・ランゲージの距離は，私たちの言語とスペイン語の距離に負けないほどのものである」

この英文を元の形を考えない人の訳は「私たちの言語はスペイン語出身ですが」などの意味不明なものになってしまいます。

本問の元の文は次のようになります。

The Labrador Retriever is as different from the Chihuahua in temperament as it is ~~different from the Chihuahua~~ in both size and appearance.

[気質におけるラブラドルレトリバーとチワワの差]
≧ [大きさや外見におけるラブラドルレトリバーとチワワの差]
→ 「ラブラドルレトリバーとチワワは，大きさや外見の差に劣らず気質においても差がある」

本問の言わんとすることは「ラブラドルレトリバーは，大きさや外見においてチワワと違うことは皆さん知っていますね。それと同様に，気質においても，それらに負けないほど両者は異なるのです」ということです。

2. 比較の基準を示す in

「AとBは異なる」という文では，普通「～の点において」という「比較の基準」が必要となります。英語では《in＋名詞》で，その基準を表します。

例1 **Karen is totally different from her sister *in* character.**

「カレンは姉と性格が全く異なる」

また，「～」の部分に文を置く場合には，in that S V とします。that 節は通例，前置詞のあとに置くことはできませんが，この場合は例外です。

例2 **Humans are different from animals in that they can use language.**

「人間は言語が使えるという点で，動物とは異なる」

33 ▶比較

A is as 〜 as *B*. は
元の文を考える②

〈With the hiring (of new faculty) and investment (in state-of-the-
art technology)〉, our School (of Engineering) is now able to offer
an Urban Design program {that is ***as*** advanced 〈***as*** any other (in
the nation)〉} .

日本語訳例

新しい教員 の雇用と最新技術への投資 により，本学工学部は今や本国では他のどれに
も負けない先進的な都市設計のカリキュラムを提供することができるようになった。

※1　With 〜 は「〜と共に」が直訳ですが，ここでは「〜により」「〜のため」とすれば自然な日本
　　　語になります。

※2　the hiring of 〜 は，hiring 〜 の硬い表現です。

※3　faculty は「（大学・学校の）（教員と職員からなる）全教職員」の意味ですが，ここでは「教
　　　員」と訳しています。「教授（陣）」も文脈上間違いではありません。

※4　investment in 〜 は「〜への投資」の意味です。「〜へお金をつぎ込むこと」でも可です。

※5　the / our school of 〜 は「（大学の）〜学部」の意味です。the school of medicine なら「医
　　　学部」の意味です。

※6　Urban Design の訳を「都市デザイン」とするのは不適切です。

※7　この文での program は「（教育・訓練のための）教育課程，カリキュラム」の意味です。「授
　　　業」も可です。「プログラム」「計画」は不適切です。

※8　any other は，any other Urban Design program「他のどの都市設計カリキュラム」の意味
　　　なので，「他のどの国」「他のどの大学」などは不可です。また，as advanced as any other in the
　　　nation を，as any other を訳さずに「国内の最先端の」とするのも可能です。

英文分析

《as 〜 as》は《倍数表現＋as 〜 as》を除き主観的表現です。

1. *A* is as 〜 as *B*. は「AはBに負けていない」

A is as 〜 as *B*. は，客観的に「AはBと同様に〜だ」と述べている文ではなく，**主観的に「AはBに負けていない」**ということを述べている文です。つまり，*A* is as 〜 as *B*. を数学的に書けば「**A ≧ B**」となります。この事実は as 〜 as の否定形を考えればわかりやすいと思います。

例 This book *is* *not* *as* heavy as that one.

「この本はあれほど重くない」

[this book の重さ] < [that one の重さ]

もし This book is as heavy as that one. が [this book の重さ] ＝ [that one の重さ] なら，その否定形は，[this book の重さ] ≠ [that one の重さ] になるはずですね。ところが，否定にした形が，[this book の重さ] < [that one の重さ] になるということは，肯定形の文は [this book の重さ] ≧ [that one の重さ] のように，不等号（<）の要素が含まれるはずです。ですから，*A* is as 〜 as *B*. の厳密な訳は**「AはBと同じかそれ以上に〜」**となります。

A is as 〜 as *B*. が使われる場面は，**「Aをみくびってはいけない。Bには負けていないよ」**という意味のときです。This book is as heavy as that one. なら「あの本は重いけど，この本をみくびってはいけない。あの本と同じかそれ以上に重いよ」という感じです。

その他，注意すべきことは次の2点です。

> (1) 《*A* is as 〜 as *B*.》の *A* と *B* に入るのは，よく似たレベルのものに限られる。
> (2) 《*A* is 倍数表現＋as 〜 as *B*.》の場合には，客観的な表現となる。

2. as 〜 as any *A*「どの*A*と比べても同じかそれ以上〜，どの*A*にも劣らず〜だ」

any は「存在しないかもしれないが，もしあれば何でも」の意味です。

例 Tom is *as* tall *as* *any* boy in his class.

「トムはクラスのどんな少年と（比べたとして）も同じかそれ以上の身長だ」

もし，*A* is as 〜 as any *B*. を「AはBと同じ〜」と覚えていると，トムは「どんな少年と比べても同じ身長だ」となり，トムは伸縮自在のサイボーグ（？）のようなことになってしまいますね。

本問の an Urban Design program that is as advanced as any other ~~Urban Design program~~ in the nation ~~is advanced~~ は，「都市設計のカリキュラムは本国の他のどれ（どの都市設計カリキュラム）と比べても負けていない」となります。

34 ▶比較

Nothingが主語にくる
比較構文の訳し方

〈While schools have tried numerous ways〈of attracting more
　接　　S'　　助'　　V'
young people〈to the teaching profession〉〉〉, ***nothing*** {which
　　O'　　　　　　　　　　　　　　　　　　　　　　　　　S　　O'
they have done〈thus far〉} has been ***as*** immediately effective〈***as***
　S'　　助'　V'　　M'　　助　　V　　　　　　　C　　　　接
work-hour reductions〉.
　　　S'

日本語訳例

学校は，より多くの若者を教職に就かせるために，数多くの方法を試みてきたが，
今まで学校がやってきたことの中で，労働時間の短縮ほど即効性があった ものはな
　　　　　　　　　　　　※2　　　　　　　　　　　　　　　　※1　　　　　　　　※4
い。
※3

※1　ここでのwhileの訳として「〜する間」は不適切です。
※2　attracting 〜 to the teaching professionは「〜を教職に就かせる」「〜に教職を魅力的だと
　　感じさせる」などが適切です。「〜を教育職に集める」「〜を教職に引きつける」などは可としま
　　す。「〜に教師に（なることを）魅了させる」は不自然です。
※3　nothingは，not＋anythingに分解して訳します。
※4　immediately effectiveは「すぐに効果が出て」は可ですが，「直接的に」は不可です。

英文分析

not as 〜 as は，硬い文では not so 〜 as となることがあります。

1. whileの訳出について

(1) 接続詞の while は，《while＋S＋動作動詞の進行形あるいは状態動詞》で，「S が〜
する間」の意味になります。

例1 **I killed time at a game arcade *while* (I was) waiting for her.**

「彼女を待っている間，ゲームセンターで時間をつぶした」

while 節の主語と，主節の主語が同じ場合，while 節の主語と be 動詞はしばしば省かれます。上記の例文では wait「待つ」が動作動詞なので進行形になっています。

(2) While S' V', S V. のように，while 節が主節の前に置かれた場合には**「譲歩」**を表し，**「S' V' だけれど S V」**の意味になることが多いです。本問はこの用法です。

例2 ***While* we like Mr. Smith, we do not like his wife.**

「私達はスミス氏は好きだが，彼の妻は好きではない」

(3) S V, while S' V'. のように，コンマを付けて while 節が主節のあとに置かれた場合には**「対照」**を表し**「S V，だが（一方）S' V'」**の意味になります。

例3 **Some people like dogs, *while* others like cats.**

「犬が好きな人がいる一方で，猫が好きな人もいる」

2.《as 〜 as 構文》の否定

《as 〜 as 構文》の否定形は，現在では not as 〜 as が一般的ですが，本来は not so 〜 as でした。今でも，頻度は高くないとはいえ，not so 〜 as という形が出てくることもあるので覚えておいてください。

例 **Smartphones are *not as* [*so*] reliable *as* landline phones.**

「スマートフォンは固定電話ほど信頼性が高くない」

3. Nothing *V* as [so] 〜 as *A*. は「A ほど〜なものはない」

日本人にとって難しい構文です。そもそも nothing「ゼロ」が主語にくる日本語はありませんから訳出が難しいわけです。日本語では普通，否定語は述部に持ってきます。次の **例1** も主語 nothing から訳すことはできません。

例1 ***Nothing* is *as* [*so*] precious *as* time.**

「時間ほど貴重なものはない」

さらに主語に修飾語句が付くといっそう複雑になります。

例2 ***Nothing* invented in the past is *as* [*so*] important *as* the clock.**

「過去に発明された（あらゆる）ものの中で時計ほど重要なものはない」

この **例2** を訳す場合には，nothing を《not ＋ anything》に分解して考えます。まず anything invented in the past の部分を訳し，最後に not を訳すことになります。つまり，「過去に発明されたいかなるものも」＋「時計ほど重要なものはない」となります。

本問では，まず they have done thus far から訳します。よって「それらがこれまでやってきた（あらゆる）ものの中で」となります。

35

▶ 比較

副詞（句・節）と副詞（句・節）の比較

⟨Despite all the data available ⟨showing [that children ⟨in the area⟩ make up the group {which is most likely to be malnourished}]⟩⟩, the organization still spends twice **as** much ⟨on each elderly person⟩ ⟨**as** ⟨on each child⟩⟩.

（M：malnourished／S：the organization／M₁：still／V：spends／O：twice as much／M₂：on each elderly person／接：as／M'：on each child）

日本語訳例

この地域の子供たちが，栄養失調になる可能性が かなり高い集団を形成していることを示す入手可能なあらゆるデータがあるにもかかわらず，その組織はいまだに高齢者1人に対して，子ども1人に対して使っているお金の2倍のお金を使っている。
（※3：かなり／※4：高い／※2：示す／※1：可能性が／※6：高齢者1人／※5：使っている）

※1　allの訳を入れると不自然な日本語になりがちですが，きちんと訳してください。

※2　上の例では, showing ～ を形容詞句として訳しています。ここを動名詞と考えて「入手可能なすべてのデータが～と示している」と訳すのも可です。なお, available は形容詞で all the data を後ろから修飾しています。

※3　「栄養失調である可能性が」は不適切です。

※4　mostは絶対最上級（他と比較せず，程度の強さを示すための最上級）なので「とても」で十分ですが，「一番」も×にはできません。

※5　spends ～ は「～を費やしている」でも可です。

※6　elderly personは「年配の人」「お年寄り」は可ですが「老人」は避けましょう。

英文分析

1. 副詞（句・節）と副詞（句・節）の比較

まず《前置詞＋名詞》からなる副詞句と副詞句の比較を見てみましょう。

例1 You can communicate *as* much with gestures *as* you can ~~communicate~~ ~~much~~ in words.

［身振り手振りで伝えることのできる量］

≧［言葉で伝えることのできる量］

→「身振り手振りでも言葉で伝えるぐらいのことを伝えられる」

この **例1** では，with gestures と in words が比較されています。なお in words の前の you can を省略することは可能です。なお，**例1** の much と本問の much は二重品詞です。（➡ p.85）

次に副詞節と副詞節との比較の例を見てみましょう。

例2 Our cat looks happier when she is with me than when she is with my wife.

［うちの猫が私と一緒にいるときの幸せそうな度合い］

＞［うちの猫が妻と一緒にいるときの幸せそうな度合い］

→「うちの猫は私の妻と一緒にいるときより私と一緒にいるときの方が幸せそうだ」

この例では when は共通ですが省略することはできません。

本問は以下のようになっており，on each elderly person と on each child が比較されています。

the organization still spends twice as much on each elderly person as ~~it spends~~ ~~much~~ on each child.

2. 《倍数表現＋as 〜 as》について

倍数表現は《倍数表現＋as 〜 as》の形をとります。《倍数表現＋比較級＋than》という形になることもあります。倍数の表し方は以下のようになります。

(1) 3 以上の整数倍の場合

as 〜 as の前に three times「3 倍」，two hundred times「200 倍」などを置きます。

(2) 2 倍の場合

as 〜 as の前に **twice** を置きます。twice は比較級の前では使いません。

(3) 1 以上の整数倍でない場合

例えば，「1.5 倍の場合」は as 〜 as の前に **one and a half times** を置きます。

(4) 1 未満の倍数の場合

as 〜 as の前に a fifth / one fifth「5 分の 1」などを置きます。time(s) は必要ありません。ただし「2 分の 1」の場合は，a half as 〜 as とせずに，慣用的に冠詞を省略して **half as 〜 as** とします。

本問は上記の **(2)** です。

36 ▶比較

比較対象の前置に注意

〈If she had not spent that year 〈in Rome〉〉, she would be
接 S' 助' M'₁ V' O' M'₂ S 助 V

even less competent 〈***than she is now***〉〈in explaining the current
C 接 S' V' M' M₁

political situation (in Italy)〉, much less 〈in convincing others to
M₂ M₃

accept her views〉.

日本語訳例

もし彼女がローマでその1年を過ごしていなかったら，イタリアの現在の政治状況
※1
を説明する能力も，ましてや自分の意見を受け入れるように他人を説得する能力も，
※4
今よりさらに 劣っていただろう。
※2 ※3

※1　that year は「その年」ではなく「その1年」とした方が明確です。

※2　《even＋比較級》は「さらに～」という訳をしてください。

※3　「～においてさらに無能になっていただろう」「～においてさらに有能ではないだろう」など
　　は不自然な日本語です。「～するのがさらに難しくなっていただろう」は可です。

※4　much less の前で訳を区切り，「～であろうし，まして…はなおさらである」とするのは不適
　　切です。

英文分析

「比較対象の前置」は出てくると非常に難しく感じます。しっかり理解してください。

1. 比較対象の前置

例 We must make *as* much effort *as* we can to preserve nature.

　「私達は自然を守るようにできるだけ努力をしなければならない」

この文がどうなってできたかを考えてみましょう。次の文が元の文です。

We must make as much effort to preserve nature as we can make much effort to preserve nature.

［自然を守るのにやるべき努力の量］≧［自然を守るのにできる努力の量］

→「自然を守るためにできるだけの努力をすべきだ」

1番目の as のあとに much effort がありますが，2番目の as の後ろの重複している同じ部分を取り去ります。次に共通要素の make と to preserve nature を省略すると次のような文になります。

→ **We must make as much effort to preserve nature as we can.**

この英文でも全く問題がないのですが，アメリカ人・イギリス人などの英語ネイティブは as ~ as が離れるのを嫌がる場合があり，as we can をもっと前に置くことがあります。それによって to preserve nature を強調することになります。

→ **We must make as much effort as we can to preserve nature.**

この場合に，to preserve nature と effort との関係が見えにくくなるので注意が必要です。このように as we can などの比較対象が前に出ることを**「比較対象の前置」**と言います。

本問では，she would be even less competent in (V₁)ing, much less in (V₂)ing than she is ~~competent in (V₁)ing, much less in (V₂)ing~~ now から than she is now を competent の直後に移動しています。

2. 現実と仮想の比較

現実と仮想の比較をする場合には「助動詞＋動詞」と「動詞」を比較します。

例 **If everyone in the world spoke the same language, it *would be* much easier to promote world peace than it *is* now.**

「世界のみんなが同じ言語を話すならば，現在よりも世界平和を促進しやすくなるであろう」

本問では，she *would be* even less competent（仮想）と than she *is* now（現実）が比較されています。

3. 条件節が仮定法過去完了で，主節が仮定法過去

条件節（if 節）の内容が過去のこと（仮定法過去完了）で，主節の内容が現在のこと（仮定法過去）の場合があります。**「昔~だったら，今頃は…なのに」**という意味です。

例 **If I *had been born* in the U.S., I *could speak* more fluent English *now*.**

「もしアメリカで生まれていたら，今頃はもっと流ちょうに英語が話せるのに」

本問もこの形になっていることに注意してください。

ＳＶＯの比較で起こる thanの後ろの倒置

〈Per person〉, Japanese people eat a far greater quantity 〈of
　M₁　　　　　　　S₁　　　　　V₁　　　　　　　　　　O₁
seafood〉〈***than do*** Americans〉, and this is thought 〈to
　　　　　接　　助'　　S'　　　　接　S₂　　V₂
contribute significantly 〈to their longer average life expectancy〉〉.
　C₂　　　　　　　　　　　M₂

日本語訳例

日本人は一人当たり，アメリカ人よりもはるかに多くの魚介類を食べており，この
ことが，アメリカ人より長い日本人の平均寿命 に大きく貢献していると考えられて
　　　　　　　　　　　　　※4　　　　　　　　　　※3
いる。

※1　eat ～ は「～を消費する」と訳してもかまいません。

※2　farは比較級を強調する副詞なので「はるかに」などの訳語が必要です。

※3　contribute significantly to ～ は「～にかなり貢献している」「～に大きく寄与している」な
　　どでも可です。

※4　their longer average life expectancy を「日本人の長寿」とすると longer という比較級や
　　averageの訳が抜けています。

英文分析

than do / does / did Ｓ の do / does / did は助動詞の扱いとします。

1. 《比較級＋than》,《as ～ as》とＳＶＯの組み合わせの倒置

《ＳＶＯ＋比較級＋than ～》は，名詞がＳ（主語）とＯ（目的語）の２つあるため少々
複雑です。

(1) ＯとＯとの比較の場合

　例1　I respect you *more than* ~~I respect~~ anyone else ~~much~~.

　→ I respect you *more than* anyone else.

　　「私は他の誰よりもあなたのことを尊敬している」

(2) SとSとの比較の場合

例2 I respect you *more than* anyone else ~~respects you much~~.

→ I respect you *more than* anyone else.

「私は他の誰よりもあなたのことを尊敬している」

　このように，than の後ろに名詞しかない場合は，ＯとＯの比較なのか，ＳとＳの比較なのかが曖昧になることがあります。よって，ＳとＳの比較をする場合には，次のように do / does / did を添えるのが通例です。

→ I respect you *more than* anyone else <u>does</u>.

　さらに，上のような短い文の場合は別として，than S do / does / did を倒置にして，than do / does / did S とすることもあります。これは，do や does や did を文末に置くと，そこが強調されてしまい，文のバランスが悪くなるので，**対比するものを明確にして倒置している**からだと推察できます。

　なお，以上のことは as 〜 as の場合でも同じです。

　本問では，Japanese people eat a far greater quantity of seafood than Americans eat a great quantity of seafood が元の文で，ここから eat a great quantity of seafood が省かれ，eat の代わりに do が置かれました。さらに Americans do が倒置形になり do Americans という語順になっています。

2. 繰り上げ構文

例1 It is said that <u>the singer's grandfather</u> is from Kenya.

→ <u>The singer's grandfather</u> is said to be from Kenya.

「その歌手の祖父はケニア出身だと言われている」

　この **例1** の第1文の it は後ろの that 節を受ける形式主語［仮主語］です。この第1文の that 節の中の the singer's grandfather を文頭に「繰り上げる」と第2文になります。よって第2文のような文を**「繰り上げ構文」**と呼ぶわけです。is said の代わりに is reported「報告されている」や is believed「信じられている」や is thought「考えられている」でも可です。また以下のように受動態ではないですが，受動態のような意味を持つ seems「〜と思われる」でも繰り上げ構文は可能です。

例2 It seems that <u>Jean</u> knows everything about biology.

→ <u>Jean</u> seems to know everything about biology.

「ジーンは生物学について何でも知っているように思える」

　本問では，it is thought that this 〜. の this が繰り上げられてできた形です。

38 文と文の比較では than以下は不完全な文

There is far ***more*** ⟨to life⟩ ⟨***than*** ~~much~~ ever comes ⟨to the surface
(of the world)⟩, but most (of us) often judge things only ⟨by
their appearances⟩.

M₁ V S M₂ 接 S' M'₁ V'
M'₂ 接 S M₁ V O M₂
M₃

日本語訳例

人生には，世界の表面に現れてくるよりはるかに多くのものが存在しているが，私
たちの大半は，ものをその見かけだけで判断することが多い。
※3 ※1・2 ※4

※1　There is ～. 「～が存在する」のthereは訳しません。

※2　前半を意訳して「世界の表面には出てこないものの方がはるかに多い」とするのも可です。

※3　everはat any time 「いつであれ」の意味ですが，訳出は不要です。

※4　appearancesの訳は「外見」「見た目」でも可ですが，「出現」は不可です。

英文分析

比較を厳密に理解するためには「二重品詞」の理解は欠かせません。

1. 比較の基本

thanはwhen, ifなどと同じ接続詞の場合，後ろには1つの完成した文が置かれます。
ただし，比較級になった形容詞，副詞はthanの後ろでは必ず省略されるため，結果と
してthanの後ろには不完全な形の文がくることになります。

例1 Nancy earns ***more*** money ***than*** she can spend ~~much money~~.
省略

［ナンシーが稼ぐお金の量］＞［ナンシーが使えるお金の量］

→「ナンシーは使える以上にお金を稼いでいる」

例2 **Nancy earns *more* money *than* ~~much money~~ is necessary.**

　　　　　　　　　　　　　　　　　　　　　　　　　　省略

　　［ナンシーが稼ぐお金の量］ ＞［必要となるお金の量］

　　→「ナンシーは必要以上にお金を稼いでいる」

　　この **例1** や **例2** のように，than の後ろには主語や目的語の欠落した箇所があり，than がまるで関係代名詞のように感じられますが，than はあくまでも接続詞にすぎません。辞書は共時的立場（歴史的に遡るのではなく，現在の形から品詞などを考える立場）なので，この than を接続詞と分類しながらも，「関係代名詞的に用いて」という注釈を付けることがほとんどです。しかし，**例1****例2** のように文の一部が省略されていると考え，接続詞として考えた方が論理的だと思います。

　　本問では，前半に存在する more の原級である much が than 以下に省略されています。この much が comes の主語だったわけです。

　　There is far more to life than ~~much~~ ever comes to the surface of the world.

　　［人生に存在する量］ ＞［今まで世界の表面に現れる量］

2. 二重品詞

　　most of us の most の品詞を考えてみましょう。まず文の主語になっていますから「名詞」ですね。ところが，最上級であるということを考えれば，「形容詞」あるいは「副詞」と考えるべきです。つまり，この most は 1 つの文中で 2 つの品詞の役割を果たしているわけです（辞書では名詞の扱いになっています）。very few of us の few も同じです。very という副詞のあとにありますから「形容詞」と考えられます。ところが, of us の前にきているので，「名詞」でもあります。

　　このように，一般的に much / many / few / little などの数量関係を表す単語は文中で**「名詞かつ形容詞」**あるいは**「名詞かつ副詞」**という変則的な品詞の働きをします。これは普通**「二重品詞」**と呼ばれているものです。英文を厳密に読んでいくと必ずぶつかる壁ですからぜひ覚えておいてください。

　　英語は 8 品詞（名詞，代名詞，動詞，助動詞，形容詞，副詞，前置詞，接続詞）＋（冠詞＋間投詞）の 10 品詞に分類されますが，このようなルールを作ると必ず例外が生じます。しかし，かといって，さらに新たな品詞を設定するといっそう面倒なことになります。そこで，「二重品詞」という例外的な存在を認めることになったわけです。

　　本問では more もそれに当たります。これは主語ですから「名詞」と扱うことになりますが，比較級になっていて，前に far という副詞が付いていますから形容詞あるいは副詞的な要素も兼ね備えていることになります。

　　ただし，辞書的な分類では，主語や目的語になっている most や less は名詞として扱われています。

Shellfish aquaculture has clearly been shown (to be just *as*
ecologically *safe* 〈*as* the gathering (of shellfish (in the wild))〉,
and potentially much *safer*).

日本語訳例

> 貝の養殖は，天然のものを採取するのと全く同じように生態学的に安全であり，もしかするとそれよりはるかに安全であることがはっきりと示されている。

※1　shellfish は厳密には「貝や甲殻類」ですが，養殖の対象なので「貝（類）」でいいでしょう。

※2　just は，日本語訳例では強意語として「全く」と訳しています。

※3　gathering は「獲ること」「捕獲」「収集」「集めること」などは不自然です。

※4　shellfish in the wild を「野生の貝（類）」と訳すのは不自然です。例えば「天然ものの鯛」とは言いますが「野生の鯛」とは通例言いません。

※5　and の並列を見誤り「〜を示されてきたが，…安全である」はダメです。

※6　potentially は「潜在的には」でも可です。

英文分析

「比較対象の省略」は，特に as 〜 as の場合に間違う人が多数います。

1. 比較対象の省略

《比較級＋than 〜》の than 〜 は文脈上明らかな場合には省略されます。

例1 Some people are endowed with a rich artistic talent, but others are *less* gifted.

「芸術的な才能に恵まれている人もいるが，それほど才能に恵まれていない人もいる」

この **例1** では，... others are less gifted <u>than those who are endowed with a rich artistic talent</u> の下線部が省略されているわけです。省略というのは自明だから省略されているわけで，意地悪や悪意などではありません。ですから気楽に考えればいいと思います。

as ～ as A でも，as A の部分が省略されることがあります。この場合には，一見 as ～ as 構文であることがわかりづらいですから注意が必要です。つまり文中に《as＋形容詞》あるいは《as＋副詞》があるなら，比較対象の省略を考えてみることです。

例2 **If you give only half your mind to what you are doing, it will cost you twice _as much_ labor.**

「もし今やっていることに精神の半分しか向けなければ，結果的には 2 倍の労力がいるだろう」

この **例2** では，it will cost you twice as much labor <u>as it will cost you much if you give your whole mind to what you are doing</u> の下線部が省略されています。

本問では ... much safer <u>than the gathering of shellfish in the wild</u> の下線部が省かれています。

2. 名詞と動詞の名詞形の組み合わせ

《名詞＋動詞の名詞形》は大きく分けて 2 つあります。

(1) 最初の名詞が，2 つ目の名詞の動詞形の目的語になっている場合

例1 **a train spotter** 「鉄道マニア（←列車を見つける人）」

例2 **bird watching** 「鳥の観察（←鳥を観察すること）」

(2)《～（動詞の名詞形）のための…（名詞）》の意味になっている場合

例3 **an entrance examination** 「入学試験（←入学のための試験）」

例4 **fishing equipment** 「釣り道具（←釣りのための道具）」

本問の shellfish aquaculture「貝の養殖」は上記 **(1)** に当たります。

aquaculture 自体には動詞形はありませんが，culture は「～を養殖する」という意味を持ちます。よって aquaculture は「海で養殖すること」の意味になり，これを動詞の名詞形と考えてください。

3. the＋(V)ing＋of ～ の形の動名詞

昔の動名詞は，限りなく名詞に近い存在で，**the＋(V)ing＋of ～** の形をとりました。例えば，studying English「英語を勉強すること」は，the studying of English「英語学習」と書いたわけです。現在でも，このような形をとる場合があるので覚えておいてください。

本問の the gathering of shellfish in the wild「天然の貝（類）の採取」がこれに当たります。

40 ▶比較

《否定語＋現在完了［仮定法］＋比較》のas［than］nowの省略

UNESCO employees have been long devoted 〈to increasing
　　　　　S　　　　　　　助　　　V　　M₁　　　C
international cooperation (in the areas (of education, science, and
　　　　　　　　　　　　　　　M₂
culture)) 〉, but most *have never* before *been so* deeply
　　　　　　　接　S　　助　　M₁　　　M₂　V　　M₃
convinced 〈of the importance (of their work)〉.
　C　　　　　　　　　　M₄

日本語訳例

国連教育科学文化機関の職員は，教育，科学，文化の分野で国際協力を拡大するこ
　　　　　※1　　　　　　　※2
とに長い間尽力してきたが，職員の大半は，自らの仕事の重要性を今ほど深く確信
※4 ※3　　　　　　※3　　　　　※5　　　　　　　　　　　　　　　　※6
したことはかつてなかった。

※1　UNESCO の訳は「ユネスコ」でも可です。

※2　employees の訳は「従事している人々」「従事者」は可ですが「従業員」は不適切です。

※3　have been devoted to ～ の訳は「～に献身してきた」「～に打ち込んできた」「～に身［時
　　間］を捧げてきた」「～に専心してきた」「～に専念してきた」「～に力を注いできた」などでも可
　　とします。ただし，「～に没頭してきた」は不自然です。

※4　increasing ～ は「(協力)を増やすこと」「～の増加」は不自然です。「(国際的な協力)を高
　　めること」は可です。「～を加速させること」は誤訳です。

※5　most は most of them (= the employees) なので「職員の大半」とします。

※6　文の後半は as now「今ほど」を補って訳してください。so deeply の so は省略されている as
　　now に呼応する so なので，「それほど(深く～を確信した)」と訳さないように注意してください。

英文分析

これが出題されると，正答率は5%を切ること間違いなしと言っても過言ではないく
らいの最難関事項です。

1. 《否定語＋現在完了［仮定法］＋比較》に補うもの

比較対象の省略でも，特に注意すべきなのが《否定語＋現在完了＋比較》や《否定語＋仮定法＋比較》の場合です。I have never been happy. は「今まで一度も幸せだったことはない」という意味ですが，happy の前に as ［so］が付くと意味が全く変わります。

例1 **I *have never been as* [*so*] happy.** 《否定語＋現在完了＋比較》

　　「私は今ほど幸せなことはかつてなかった」

この **例1** では文末に as now が省略されています。このような文で「何が省かれているのかな？」と思ったら，**「今の現実」**（as now や than now）だと覚えておいてください。

例2 ***Nothing could be more* certain.** 《否定語＋仮定法＋比較》

　　「これほど確かなことはないだろう」

仮定法と比較の組み合わせでは，《than ＋現実》が省略されていると覚えておいてください。この英文では，文末に than this が省かれています。

例3 **I really *couldn't care less* about what you think.**

　　「君の考えていることなど全く気にならないよ」

この文も最後に than now が省略されています。この文を省略されているものを補い直訳すると「君の考えていることを，今より少なく注意を払うことはたとえ努力したとしても本当に無理だろう」となります。

本問では most have never before been so deeply convinced of the importance of their work <u>as now</u> のように，最後に as now を補い「今ほど〜を確信したことはない」と訳します。

2. 受動態でも能動のように訳す場合

worry 〜 は「〜を心配させる」という意味で，I am worried about him. を直訳すると「私は彼について心配させられている」となります。しかし日本語がいかにも不自然なので「私は彼のことを心配している」というように，受動態を無視して訳します（現在の辞書の分類では，この worried は形容詞です）。be surprised「驚いている」，be tired「疲れている」なども同様です。

本問の be devoted to 〜 は直訳が「〜に捧げられている」ですが，「〜に捧げる」「〜に専念する」と意訳するのが普通です。同様に，be convinced of 〜 は「〜を確信させられている」が直訳ですが「〜を確信している」と意訳するのが普通です（これら devoted と convinced も，現在の辞書の分類上は形容詞です）。

《no＋比較級》は「差がゼロ」の意味①

I was brought up 〈in London〉 〈by Japanese parents〉. 〈Although I
S ─ V ──────── M₁ ──────── M₂ ──────── 接 S'

was passionately fond 〈of books〉 〈in my youth〉〉, I had ***no more***
V' ── M'₁ ── C' ── M'₂ ── M'₃ ── S V

desire (to study English literature) 〈***than*** I had ~~much desire~~ (to
O ──────────────────── 接 S' V'

eat fish and chips 〈for dinner〉, 〈instead of miso soup and rice〉〉).
O'

日本語訳例

私はロンドンで日本人の両親に育てられた。若い頃は本が大好きであったものの、
みそ汁とご飯の代わりにフィッシュアンドチップスを夕食に食べたいとは思わなか
っ**※1**
ったのと同様、英文学を勉強しようとは思わなかった。
※3 **※2** **※2**

※1　was passionately fond of ～ の訳は「～が熱烈に好きだった」「～がとても好きだった」も可
　　　です。「情熱的に～が好きだった」は不自然です。

※2　no more ～ than ... は、「…ではないのと同様に～ではない」と、原則として両者を否定する
　　　訳し方にします。この場合、than の訳として「…よりも」は避けてください。

※3　I had to eat ～ を「～を食べなければならなかった」とするのは誤訳です。

英文分析

　《no＋比較級》は、「差がゼロ」という認識が重要です。

《no＋比較級》について

　I am ten years older than you. なら「僕は君より10歳年上だ」という意味です。こ
の場合の ten years は、by ten years の省略形と考えるとわかりやすいでしょう。この
by は、**「差を示す by」**と言われています。This is by far the best. 「これは断トツで一
番よい」というように、今でも by が残っている場合もあります。これと同様に、《no＋

比較級》は，《by no＋比較級》と考えるのが妥当です。つまり「差がゼロ」であること
を示すわけです。

例1 I had *no sooner* replaced the phone *than* it rang again.

「私が受話器を置くとすぐにまた電話が鳴りだした」

有名な no sooner ～ than ...「～するとすぐに…」という構文は，sooner という比較
級の前に no があり「時間差がゼロ」であることを示しています。ですから「受話器を
置いた時間」と「再び電話が鳴りだした時間」が同時であることが示されているわけで
す。この no を「強い否定」と考えると意味不明になることがわかりますね。

例2 Learning English is *no more difficult than* walking is.

（直訳）「英語を習得するのは歩くことと同じくらいの難しさだ」

（意訳）「歩くことが難しくないのと同様，英語の習得も難しくない」

この例では，more difficult の前に no が付いていますから，「英語の習得の難しさ」＝
「歩行の難しさ」であることを示しています。この文自体では「英語の習得が難しいかど
うか」を明言していません。ところが健康な人にとって「歩くことの難しさ」は，ほと
んどゼロと考えてかまいませんから，「英語の習得の難しさ」もゼロとなり，結局，意訳
のように否定文として処理することが可能なわけです。

例3 My right leg does *no more* work *than* my left leg.

「私の右足は左足と同じ量の仕事しかしていない」

この例では「右足の仕事量」＝「左足の仕事量」となりますが，**例2** のように意訳し
て「左足が仕事をしないのと同様，右足も仕事をしない」とすると，特別な場合を除い
ては誤訳となります。no more ～ than が，このように否定文として処理できない場合
が，少しはあると思っておいてください。

例4 His first opinion is crucial, but his second one is *no less important*.

「彼の最初の意見は重要だが，2番目の意見も等しく重要だ」

この例のように no less ～ (than ...) は，肯定文で訳す場合がほとんどです。「no（否
定）＋less（否定）は，二重否定になり肯定になる」と覚えておけばよいでしょう。

本問を元の文で表すと次のようになります。

I had no more desire to study English literature
than I had (much desire) to eat fish and chips for dinner, instead of miso soup
and rice.

「英文学を勉強しようという思いの程度」＝「夕食にみそ汁とご飯の代わりにフィッ
シュアンドチップスを食べたいという思いの程度」であることを示しています。

筆者は，日本人に育てられたのですから，「夕食にフィッシュアンドチップスを食べた
い」という気持ちがあったとは考えにくいです。よって，意訳して否定文のように処理
するとよいでしょう。

▶ 比較

《no＋比較級》は「差がゼロ」の意味②

42

Long ago, people knew [that men and women seek happiness].
M   S   V   接   S'   V'   O'
Certainly, our understanding (of the physical world) expanded
M₁   S   V
〈beyond belief〉. However, we do ***not*** understand [what
M₂   M₁   S   M₂   V
happiness is] ***any better*** 〈***than*** the ancient people did〉.
O   M₃   接   S'   V'

日本語訳例

随分前，男女を問わず人は幸福を探し求めていることを人々は知っていた。確かに，
　　　　　　※1
私たちの物質界に対する理解は信じられないくらい増大した。しかし，幸福とは何
　　　　※2　　　　　　　　　　※4　　　　※3
かに対する私たちの理解は，そうした古代の人々の理解と何ら変わっていないのだ。
※5　　　　　　　　　　　　　　　　　　　　　　　　　　　※6

※1　men and women は people と同じです。「男と女」は不適切です。「人は」だけでも可です。

※2　the physical world「物質界」は，the spiritual world「霊界」の対義語です。

　　「物質的世界」「物理世界」は可ですが，「身体的世界」は不適切です。

　　(例) physical money「紙幣や硬貨などのお金（＝現金）」⇔ digital money「デジタルのお金」

※3　expand は「（大きさ・量が）膨張する」という意味で，そこから発展して「（重要性・会社な
　　ど が）大きくなる，拡大する」という意味でも使われます。ここでは，「理解」が主語なので「広
　　がった」「深まった」「拡大した」などは可ですが「拡張した」は不適切です。

※4　beyond belief は「信じられないほど」の意味です。beyond ～ は「～を超えて」の意味です。
　　例えば beyond my understanding ならば「私の理解を超えて」→「私には理解できない」となり
　　ます。

※5　what happiness is は，what を疑問詞と考え「幸せとは何か」とします。

※6　any better than ～ の訳を「～ほど」「～以上に」とするのは不適切です。

英文分析

no を 2 語に分解すると not と any になります。

92

1. no は，not と any に分解可能

　簡単なことですが，no は not と any に分解できます。例えば no longer「もはや〜な
い」は，not＋any longer と書くこともできます。よって，《no＋比較級》も《not＋
any＋比較級》となることもあります。

　この場合，避けるべき訳は than を「〜よりも」とすることです。「差がゼロ」と考え
ると，「〜よりも」では成り立ちません。

例1 A collection of facts is *not* science *any more than* a dictionary is poetry.

例2 A collection of facts is *no more* science *than* a dictionary is poetry.

　　（直訳）「事実を集めたものが科学である程度は，辞書が詩である程度と同じだ」

　　（意訳）「事実を集めただけでは科学にならないのは，辞書が詩でないのと同じ
　　　　　　だ」

　本問第 3 文の we 以下は，元の文に復元すると次のようになります。

　　we do not understand what happiness is any better

　　than the ancient people <u>understood what happiness was</u> [＝ did] w̶e̶l̶l̶.

　本問では，「古代の人々が幸せとは何かを理解していた程度」＝「私たちが幸せとは何
かを理解している程度」となり，両者の「差がゼロ」になっています。古代の人々が幸
せとは何かを全く理解していないというのは，本問第 1 文と矛盾します。ですから，こ
の文では否定文で処理するのをやめて直訳調で処理します。つまり，「そうした古代の
人々が幸福とは何かを理解していなかったのと同様に，私たちも理解していない」とは
せず，「幸福とは何かに対する私たちの理解は，そうした古代の人々の理解と何ら変わっ
ていないのだ」とします。

2.《no＋比較級》は，no more とは限らない

　1. で述べたように，本問の not ... any better は，no better のように書くこともでき
ます。このように，《no＋比較級》は，no more だけでなく，比較級になるものなら何
でも使えます。

例1 Ben is *no worse than* anyone else.

　　「ベンは他の誰とも変わらない」

例2 The new model is *no heavier than* the previous one.

　　「その新しいモデルは旧来のものと同じ重量しかない」

例3 This capsule is *no bigger than* the head of a matchstick.

　　「このカプセルはマッチ棒の先の大きさしかない」

　本問の better は well の比較級で understand を修飾しています。

43 ▶比較

《no＋比較級》の その他の意味

⟨Given [that, ⟨as a youngster⟩, he had **no greater** fear ⟨**than** that
　　　前　　接　　　　M₁'　　　　S'　V'　　　O'
(of appearing ⟨on stage⟩ ⟨in front of a large crowd⟩)⟩]⟩, it is truly
　　　　　　　　　M'₂　　　　　　　　　　　　　　　　　　　　S　V　　M
ironic [that he eventually became one (of Broadway's most
　C　　接　S'　　M'　　　　V'　　　C'
renowned and admired actors)].
　C'

日本語訳例

彼が若かりし頃，大勢の人の前で舞台に立つことを何よりも恐れていたことを考え
　　　※1
れば，彼が最終的にブロードウェイで最も有名で称賛される俳優の一人になったの
　　　　　　　　　　　　　　　　　　　※2
は，実に皮肉なことだ。
※3

※1　as a youngster は，「若かりし頃，役者として駆け出しの頃」の意味です。「子供の頃」では
　　ありません。また，as a child / a boy / a girl / a student の場合は，通例as は「〜として」では
　　なく「〜のとき」の意味の前置詞です。

※2　that of appearing ... のthat は「名詞の反復を避けるための代名詞」で，ここではfear と同意
　　です。

※3　it is truly ironic that S' V'. のit は「形式上の主語を示すit」で，that 以下が「真の主語」です。

英文分析

《no＋比較級》という形だけで判断すると間違うことがあります。

1. 《no＋比較級》の注意点

《no＋比較級》とあるからといって，必ずしもこれまで述べてきたような構文だとは
限りません。

例1 **There is *no greater* delight *than* this dog gives to me.**
　　「この犬が私に与えてくれる以上の喜びはない」

この **例1** は以下の文と同意です。

= *No* delight is *greater than* this dog gives to me.

例2 I have *no better* way to relax *than* to see movies.

「映画を見ることより良いリラックスの方法など私にはない」

この **例2** は以下の文と同意です。

= I have *no* way to relax that is *better than* to see movies.

本問も，これらの例と同様に，「〜以上の恐怖はない」という意味です。he had no greater fear than 〜 = he had no fear that was greater than 〜 となります。

2. that 節の直後に副詞（句・節）が挿入されることがある

本問の as a youngster は，すぐあとに続く had を修飾しています。そして，そのことを明確にするために，「後続の文を1つの名詞節にまとめる特殊接続詞 that」の直後に挿入されています。このような挿入は筆者の「意地悪」ではなく，筆者の「思いやり」であることを確認しておいてください。

なお，副詞（句・節）の挿入の際には，コンマの位置は **(1) 両側**，**(2) 右側だけ**，**(3) なし**，の3通りありますが，意味上の差がありません。

例 **(1)** You should not imagine that, because she is rich, she is happy. 〔両側〕

　　　(2) You should not imagine that because she is rich, she is happy. 〔右〕

　　　(3) You should not imagine that because she is rich she is happy. 〔なし〕

　　　「彼女がお金持ちだから幸せだと想像すべきではない」

3. given で始まる英文

given で始まる英文について，実際に多いのは本問と同じ用法の **(2)** です。

(1) 受動態の分詞構文で「〜を与えられたので」の意味

例1 Given a pay raise, the workers began to work harder.

「その労働者たちは昇給してもらったので，もっと懸命に働き始めた」

(2) 接続詞的に「〜と考慮すると」の意味

例2 Given that he was inexperienced, we cannot totally blame him for the blunder.

「彼が未熟であったことを考慮すれば，その失敗を全面的に彼のせいにはできない」

本問や **例2** の given は辞書での扱いは前置詞（あるいは形容詞）で，後ろには名詞以外に，このように that 節を置くことがあります。

44 ▶比較

《The＋比較級, the＋比較級.》は元の文を考える①

This system is prone ⟨to sudden failure⟩, and ⟨**the more** the air
traffic controllers rely ⟨on it⟩⟩, **the greater** will be the likelihood
(of the occurrence (of a serious accident)).

S V C M 接 M'₁
S' V' M'₂ C 助 V
S

日本語訳例

このシステムは突発的な故障が発生しやすく，航空管制官がそれに依存すればする
ほど重大な事故が発生する可能性がそれだけ高くなる。

※1　systemは，本問のように「組織」「体系」という訳語が不適切な場合は「システム」「方式」
　　と訳してください。「装置」「仕組み」「形態」などは不適切です。

※2　sudden failureの訳として「突然の失敗」は不自然です。「突然不具合が生じ」「突然機能し
　　なくなり」「突然動かなくなり」などは可です。

※3　air traffic controllersは「航空管制官」と訳します。「航空交通管制官」「航空交通官」などは
　　通常用いられません。

※4　the greater will be 〜 は「〜（の可能性）がある」では不十分です。

※5　「重大な事故」は「深刻な事故」「大事故」でも可です。

英文分析

　「元の文に戻して考える」は，とにかく徹底してください。

1. 《The＋比較級, the＋比較級.》は元の文を考える

　《The＋比較級, the＋比較級.》は，接続詞がないのに2文が接続される特殊構文です。
読解に際しては，必ず元の文を考えることを習慣化してください。

> 例　**The older** you grow, **the more forgetful** you become.
> 　　「年を取ればとるほど，物を忘れやすくなる」

→〔元の文〕**You grow <u>old</u>.**
　　　　 ＋ **You become <u>forgetful</u>.**
ここから、「年齢」と「忘れる程度」が比例しているとわかります。
本問の元の文は、次のような形です。
The air traffic controllers rely <u>much</u> on it.
The likelihood of the occurrence of a serious accident will be <u>great</u>.
《The＋比較級, the＋比較級.》では、後半が主節の扱いであり、本問の主節が C V S の倒置形になっています。

2. 《The＋比較級, the＋比較級.》における主節の倒置

　《The＋比較級, the＋比較級》では、文のリズムを整えるために倒置が行われることがあります。これは必ず行われるものではなく、書く人の文体の好みにも影響されます。
(1)《the＋比較級＋疑問文と同じ語順》の形式の倒置形
　例1 *The more you study physics, the more keenly <u>do you realize</u> the fact.*
　　　「物理学を勉強すればするほど、その事実がはっきりとわかる」
　→〔元の文〕**You study physics much.**
　　　　 ＋ **You realize the fact keenly.**
(2)《the＋比較級＋V S》の形式の倒置形
　例2 *The more our society ages, the heavier <u>will be the burden imposed upon young people</u>.*
　　　「社会が高齢化すればそれだけ、若者に課される負担は大きくなる」
　→〔元の文〕**Our society ages much.**
　　　　 ＋ **The burden imposed upon young people will be heavy.**
　本問の主節の部分は、**(2)** の形の倒置形です。the likelihood of the occurrence of a serious accident will be <u>great</u> が元の文で、普通の《the＋比較級》にすると the greater the likelihood of the occurrence of a serious accident will be となります。文のバランスをよくするために、主語と動詞を入れ替えて、主語を文末に移動させると本問の形になります。

3. 名詞構文（動詞・形容詞の名詞形を用いた構文）

　本問の sudden failure と the occurrence of a serious accident は、それぞれ、suddenly fail「突然故障する」、a serious accident occurs「重大な事故が生じる」を名詞構文にしたものです。訳出の際には、動詞や形容詞の名詞形について、元の動詞や形容詞を意識すると自然な日本語になります。

《The＋比較級, the＋比較級.》は元の文を考える②

People often cite a certain metaphor 〈as a claim (for the supposed
　S　　M₁　V　　　　O
mellowing effects (of advancing age) (on human personalities))〉;
　　　　　　　　　　　M₂
"〈***The older*** the grape is〉, ***the sweeter*** the wine is."
　　　　C'　　S'　V'　　　　　C　　S　V

日本語訳例

人は年齢を重ねることで人柄が温厚になるとされているが，その主張として，ある
　　　　　　　　　　　　　　※4　　　　　　　　　　　　　　　　　　　　※4　　　　　※3　　　　※2
喩えが引き合いに出されることが多い。それは「ブドウが年齢を重ねれば重ねるほ
たと
ど，ワインは甘くなる」というものだ。
　　　　　※1
※5

※1　People often cite ... を訳す場合に，文頭で「人々はしばしば」とすると，動詞と随分と離れ
　　てしまうので，わかりにくい文になります。「…引き合いに出されることが多い」というように
　　oftenを動詞に近い場所に置いてください。

※2　certain＋名詞は「ある〜」の意味なので「確かな〜」は不可です。筆者は「ある喩え」と言
　　ったあとに具体化しているので，The older ... the wine. を先に訳して「〜という喩え」とする
　　のは不適切です。

※3　as a claim for the supposed 〜 は「〜と想定されているが，それを主張するものとして」と
　　丁寧に訳さないと意味が通りません。

※4　effects of A on B「AのBに対する影響」が読み取れていない訳は認められません。「年を重
　　ねることの人間性に対する考え得る熟成の効果」という訳は不自然ですが×にはできません。ま
　　た「年をとることが人間性を円熟させるという効果（の主張）」では，supposedの訳が抜けてい
　　るので減点です。

※5　olderをriperと混同して「熟せば熟すほど」と訳すのは誤訳です。

英文分析

これも出てきたら差がつくポイントです。簡単そうなだけに難しいですね。

1. 《The＋比較級, the＋比較級.》における be 動詞の省略

《The＋比較級, the＋比較級.》の副詞節内あるいは主節内，あるいは両方の be 動詞が省かれることがあります。一見何でもないようなことですが，戸惑う受験生が多いポイントです。口語では The sooner, the better.「早ければ早いほどよい」などのように *S V* が省略されることもよくあります。

例1 *The longer* your working hours (are), *the larger* your income (is).

「労働時間が長ければそれだけ，収入は増える」

→ [元の文] **Your working hours are long.**

＋ Your income is large.

例2 **The larger** an animal (is), **the more sluggish** its movements (are).

「動物は大きければそれだけ，その動きは緩慢になる」

→ [元の文] **An animal is large.**

＋ Its movements are sluggish.

特に関係代名詞節を含む場合，混乱が生じやすいですね。

例3 *The older* a tradition (is), *the greater* the effect (which) it has on us (is).

「伝統が古ければ古いほど，それが私たちに及ぼす影響は大きくなる」

→ [元の文] **A tradition is old.**

＋ The effect (which) it has on us is great.

この **例3** を「伝統が古ければ古いほど，それは私たちにより大きな影響を及ぼす」としてしまう間違いは少なくありません。もし the greater effect となっているなら「より大きな影響」という読みも成立しますが，the greater the effect となっているため「より大きな影響」と読むのは間違いです。上記に示したように，関係代名詞の which と is が省略されていることに気がつくかどうかがポイントです。

このような間違いを防ぐには「元の 2 文に戻す」という基本的な作業を怠らないことです。本問は上記の **例1** **例2** と同じタイプです。

2. the ～ effect of *A* on *B* について

A have [has] a [an] ～ effect on *B*「A は B に～な影響を及ぼす」の変形が the ～ effect of *A* on *B* の形です。effect と on が離れているとき，その関係に気がつかない場合が多いですね。

例 *The* __harmful__ *effect of* smoking *on* the nervous system is very serious.

「喫煙の神経系への悪影響はかなり深刻だ」

《The＋比較級, the＋比較級.》は元の文を考える③

⟨**_The further_** we proceeded ⟨into the rainforest⟩⟩, **_the more_**
M'₁　　　　　　S'　V'　　　　　　M'₂　　　　　　　　　C₁

difficult the terrain grew, ⟨and⟩ **_the slower_** our progress became.
S₁　　V₁　　接　　　C₂　　　　　S₂　　　V₂

日本語訳例

私たちが熱帯雨林の奥地へ入れば入るほど, 地形はますます険しくなり, 私たちの
　　　　　　　　　　　　　　　　※1　　　　　　　　　　　　　※2
足取りは遅くなった。
※3

※1　proceed far into ～ は「～の奥地に進む」の意味です。far は程度を表す副詞です。「奥へ」
　　「中へ」を表すにはinto などの表現が必要となります。

※2　the terrain grew difficult「その地形は険しくなった」のdifficult に the more が付いて, 文頭
　　に移動した形です。「土地が育つのが難しい」の類いの答案は《grow＋形容詞》の構造が全く把
　　握できていません。

※3　このprogress は「(事態の) 進展, 進み具合」の意味です。「進歩」という訳では大幅減点と
　　なります。

英文分析

「and は同じものをつなぐ！」という基本がわかっていれば難しくありません。

1. 《the＋比較級》が3つある場合

　普通, 《The＋比較級, the＋比較級.》では前半が副詞節で, 後半が主節になっていま
す。もし, 《the＋比較級》が3つある場合には, **and に注目**しましょう。and が同じも
のをつなぐことに注目すれば識別は簡単です。

(1) The＋比較級 ....(,) ⟨and⟩ the＋比較級 ..., the＋比較級 ....
　　　副詞節　　　　　　　　副詞節　　　　　主節

例1 *The older* a tradition is, ｜and｜ *the more accustomed* we are to it, *the greater* the effect it has upon us.

　　「ある伝統が古ければ古いほど，またその伝統に我々が慣れていればそれだけ，それが私たちに及ぼす影響はますます大きくなる」

(2) The＋比較級 ..., the＋比較級 ... (,) ｜and｜ the＋比較級 ....
　　　　副詞節　　　　　　主節　　　　　　　　　主節

例2 *The greater* a person is, *the farther* he or she is from ordinary people, ｜and｜ *the more difficult* do they find it to understand him or her properly.

　　「ある人が偉大であればそれだけ，ますます凡人から離れたものになり，凡人がその人を正しく理解することがいっそう難しいと思うようになる」

　もし，and を含まない《The＋比較級 ..., the＋比較級 ..., the＋比較級 ....》がある場合には，文脈によって (1) か (2) の判断をします。

例3 *The more things* you are interested in, *the more people* you meet, *the more opportunities* to lead a full life you have.

　　「興味の対象が多ければ，出会う人の数が多ければそれだけ，充実した人生を送る機会をいっそう多く持つことになる」

　この文は (1) と同じく，前半2つが副詞節ですね。

　本問は (2) の形になっています。なお，本問の元の文は We proceeded far into the rainforest. / The terrain grew difficult. / Our progress became slow. です。

2. grow の用法について

　grow は大きく分けて4つの用法があります。本問は下の (3) の用法です。

(1) 自動詞「(数量，大きさが) 増大する」

　例1 The number of elderly people in Japan is *growing* year by year.

　　「日本のお年寄りの数が年々増えている」

(2) 自動詞「成長する」

　例2 He *grew up* in the slums of Mumbai.

　　「彼はムンバイのスラム街で大きくなった」

(3) 自動詞「(人・物・事が) ～ (の状態) になる」

　例3 It *grew* colder suddenly.

　　「突然寒くなった」

(4) 他動詞「(植物など) を栽培する」

　例4 My grandfather *grows* organic vegetables in the backyard.

　　「祖父は裏庭で有機野菜を栽培している」

The increase (in assuredness {that accompanies experience})—
　　S　　　　　　　M₁　　　　　　　S'　　　V'　　　　O'
the phenomenon (of people's becoming ***more confident*** ⟨in their
the increaseと同格　　　　S'　　　　V'　　　　　C'
decisions⟩ ⟨***the longer*** they work ⟨on particular tasks⟩⟩)— has
M'　　　　　M"₁　　　　　S"　　V"　　　　M"₂　　　　　助
often been noted ⟨in the field (of management research)⟩.
M₂　　　V　　　　　　　M₃

日本語訳例

経験を積むことで自信が持てるようになること，すなわち，ある仕事に長く従事す
　　　　　　※2·3　　　　　　　　　　　　　　　　　　　※1
ればするほど，自分の判断に確信を持つようになる現象は，経営研究の分野でしば
　　　　　　　　　　※4·5　　　　　　　　　　　※1　　　　　※6
しば指摘されてきた。
　　　※7

※1　The increase と the phenomenon が同格の関係にあるので，先に The increase ... を先に訳
して，そのあとで「すなわち～という現象」とします。the phenomenon...から訳すのは避けて
ください。

※2　assurednessは，あとでconfidentという語で説明されているので「自信」と訳します。「安
心感」や「確実性」は不適切です。

※3　assuredness that accompanies experience を「経験に伴う自信」と訳すと不自然なので「経
験を積むことで得られる自信」のように考えます。

※4　decisionsの訳は「決定」「決断」も可ですが，「選択」「意見」は不適切です。

※5　the longer they work on particular tasks が副詞節になっているので，この部分をあとで訳
して「人々が自分の判断に自信を持てば持つほど，ますます～」という訳は間違いです。

※6　particular tasksの訳として「特別な仕事」は不適切です。

※7　has been notedの訳として「言及されてきた」「特筆されてきた」「注目されてきた」なども
×ではありません。「記録されてきた」は不可です。

英文分析

assuredness の訳語をしっかり考えてください。訳語は精選するものです。

1. 《*S V* (the) ＋比較級, the ＋比較級＋*S' V'*.》は主節が前！

通例，《The ＋比較級, the ＋比較級.》は前半が副詞節で，後半が主節になりますが，**副詞節と主節が逆転する場合**があります。その場合には次の 2 つが特徴です。

> **(1)** 主節内部の《the ＋比較級》は，本来の位置のままで主節の文頭に置かれない。
> **(2)** 主節内部の《the ＋比較級》は，the が省略されることがある。

例 His faults seemed to me (*the*) *less important, the longer* I lived with him.
「彼と一緒に住む期間が長くなればそれだけ，彼の欠点は私にはどうでもいいように思えてきた」
この文を通常の《The ＋比較級, the ＋比較級.》の文で書くと，次のようになります。
→ *The longer* I lived with him, *the less important* his faults seemed to me.
本問では People become (the) more confident in their decisions, the longer they work on particular tasks. が元の文で，この People ... decisions が動名詞句に変形された形です。the longer they work on particular tasks が副詞節です。

2. ダッシュ（—）の働き

ダッシュの働きは大きく分けて 3 つあります。

> **(1)** コンマと同様に 2 つのダッシュで挟んで，語句の補足説明をする。
> **(2)** 直前で述べたことをまとめる。
> **(3)** ためらい，口ごもりなどを表す。

(1) の例 Our teacher — a famous pianist — always tells us to enjoy music.
「私たちの先生は，有名なピアニストなのですが，いつも私たちに音楽を楽しむように言います」
※ Our teacher の補足が a famous pianist です。

(2) の例 Tomatoes, onions, and pumpkins — all these are my favorite vegetables.
「トマト，タマネギ，カボチャ，これらはすべて私の好きな野菜です」
※ all these が直前の複数の名詞をまとめています。

(3) の例 She is my — , er — sort of, adoptive mother —.
「彼女は私の…，まあ…一種の養母というか…」
本問に出てくるダッシュの働きは上記 **(1)** に該当します。

▶ 比較

譲歩の as *S' V'* の訳し方①

⟨In this vast desert area⟩, ⟨strange ***as it may seem***⟩, scientists

M   C'   接   S'   助'   V'   S

have discovered the fossils ⟨of ocean fish⟩.

助   V   O

日本語訳例

奇妙に思われるかもしれないが，この広大な砂漠地帯で，科学者たちは海洋の魚の
                  ※1   ※3
化石を発見した。
   ※2

※1　コンマで挟まれた副詞（句・節）（ここでは strange as it may seem）は，日本語にする場合
は文頭に移動して訳した方が自然な訳になります。よって「この広大な砂漠地帯で，奇妙に思わ
れるかもしれないが，…」という訳順は避けてください。

※2　have discovered は「完了」の意味で「発見した」と訳すのが適切です。「発見したことがあ
る」という「経験」の訳をする場合は，例えば three times「3回」などの副詞（句）を追加する
のが普通です。

※3　ocean fish の訳は「海水魚」「海の魚」でも可です。

英文分析

　譲歩の as *S' V'* は，as ～ as 構文の変形です。

1.　～ as *S' V'* の形は「～だけれども」と訳そう

　～ as *S' V'* は，特殊な形ですが，元はと言えば as ～ as 構文でした。ではその成り立
ちを見ていきましょう。

例 **Though he is *as* rich *as* he is, he is not happy.**

　「彼は実際金持ちだが，幸せではない」

　この文の he is as rich as he is は通例の as ～ as 構文とは異なり，rich であることを
強調しているにすぎません。次にこれを分詞構文にします。

→ **Being *as* rich *as* he is, he is not happy.**

分詞構文で，文頭に置かれた being は通例省略されます。

→ *As* **rich** *as* **he is, he is not happy.**

アメリカ英語ではこの形も見られますが，文頭の as は普通省略されます。ですから，次のような形になりました。

→ **Rich as he is, he is not happy.**

これは分詞構文ですから，本来ならば「曖昧な接続」で，訳は文脈に合わせて決めるはずなのですが，**〜 as S' V'** はこれで一種の熟語的表現として多くの場合 **「〜だけれども」** の意味で使います（まれではありますが「〜なので」の意味で出てくることもあります）。そして譲歩であることを明確にするため，この as の代わりに though も使われるようになりました。その結果 rich though he is も rich as he is と同じ意味で用いられています。

本問は strange as it may seem ですから「奇妙に思われるかもしれないが」という意味です。この it は It may seem strange that S' V'. 「S' V' は奇妙に思われるかもしれない」という仮主語構文が変形された形だと考えておけばいいでしょう。

2.《名詞＋名詞》の形に慣れよう

big dogs「大きな犬」のように，《形容詞＋名詞》の形なら違和感がないでしょう。しかし，an engine fault「エンジンの欠陥」のように《名詞＋名詞》の形になっていて，前の名詞がまるで形容詞のように働く場合は，違和感を持つ人が少なくありません。

今までにも多数の学生に「これはどうなっているのですか？」「このような形は許容されるのですか？」という質問を受けてきました。でも，日本語でも「味噌ラーメン」とか「海外旅行」のように《名詞＋名詞》で表現されるものは多数あるわけで，珍しい現象ではありません。

本問では ocean fish「海洋の魚」がこれに当たります。ただし厳密なことを言うと少し面倒なことになります。例えば surface tension「表面張力」や，standard size「標準的な大きさ」の場合，surface や standard は形容詞の分類になります。日本語では名詞と形容詞は形が異なるので識別が簡単ですが，英語では surface「表面」「表面の」，standard「標準」「標準的な」のように，名詞と形容詞の形が同じ場合があり，形だけでは識別ができません。本問の desert area「砂漠地帯」はこれと同じタイプです。しかし，英文解釈で，《英単語＋名詞》になっている場合，それが《形容詞＋名詞》なのか《名詞＋名詞》なのかの識別ができなくても，特に問題なく訳せるので，必要以上に気にする必要はありません。

譲歩の as S' V' の訳し方②

⟨Incredible ***as it may seem***⟩, South America, Africa, Arabia,
     C'   接 S' 助' V'   S₁   S₂   S₃

Madagascar, India, Australia, |and| Antarctica were all
   S₄   S₅   S₆   接   S₇   V └S₁〜S₇ と同格

once actually joined together ⟨in an ancient supercontinent
  M₁   V   M₂

⟨referred to as Gondwana⟩⟩.

日本語訳例

信じられないかもしれないが, 南米, アフリカ, アラビア, マダガスカル, インド,
オーストラリア, 南極大陸はすべて, かつて, ゴンドワナ大陸と呼ばれる古代の超
                      ※2   ※3   ※4
大陸の中で実際一緒につながっていたのである。
                ※1

※1　were actually joined together in 〜 は「〜に実際属していた」「〜に実際に結合していた」も
　　　可ですが「組み合わさっていた」は不自然です。また, together までで一旦文を切って,「〜はか
　　　つて実際にすべてつながっていて, ゴンドワナ大陸と呼ばれる古代の超大陸に属していた」とす
　　　ることもできます。

※2　all は7つの主語と同格の関係にある代名詞です。

※3　once は「かつて」の意味の副詞です。「一度」ではありません。

※4　referred to as 〜 は過去分詞句として an ancient supercontinent を修飾しています。

英文分析

アメリカ英語では As incredible as it may seem となることがあります。

1.　〜 as S' V' の形は「〜だけれども」と訳そう

　本問の incredible as it may seem を, 語句の並べ替え問題にして, 実際に生徒にやっ
てもらうと, ほとんどすべての人が間違えて as it may seem incredible と並べてしまい

ました。それでは文脈上意味が通じないのですが，そもそも ～ as S' V' という可能性を考えることができなかったようです。～ as S' V' の形は，形が特殊ですから識別はそれほど難しくはないと思うのですが，やはり慣れが必要ですね。

2．and や or の付け方

本問は，South America, Africa, Arabia, Madagascar, India, Australia, and Antarctica までが主語です。このように 3 つ以上の要素を and や or でつなぐ場合には，**最後の要素の直前**に and や or を付けるのが決まりです。

3．名詞と名詞の同格の関係

ある名詞を，別の名詞で言い換えた場合，その 2 つの名詞は「**同格の関係にある**」と言います。ここでは，主語と all が同格の関係になる場合を扱います。

例1 **We were *all* glad at the news.** 「私たちは皆その知らせに喜んだ」

この例では We と all が同格の関係にあります。be 動詞が使われている文では，all の位置は be 動詞の後ろという決まりがあります。

例2 **We *all* walked to the station.** 「私たちは皆駅まで歩いた」

この例でも We と all が同格の関係にあります。一般動詞が使われている文では，all は一般動詞の前に置かれます。

本問では，be 動詞が使われているので，all は were の直後に置かれています。その直後の once「かつて」，actually「実際」は，were joined together を修飾する副詞です。

4．後置修飾の確認

refer to は，refer to O as C の形で「O を C と呼ぶ」の意味になります。

例1 **People sometimes *refer to* New York *as* the Big Apple.**
  「人々はニューヨーク市をビッグアップルと呼ぶことがある」

これを受動態にする場合，refer to で 1 つの他動詞と考えます。

例2 **New York is sometimes *referred to as* the Big Apple（by people）.**

この **例2** の referred to as ～ の部分だけを取り出して，本問の an ancient supercontinent の後ろに付けると an ancient supercontinent referred to as ～ となります。このように，形容詞（句・節）が名詞の後ろに置かれ，後ろから名詞を修飾する形を「**後置修飾**」と呼びます。以下の下線部が後置修飾です。

例3 **I talked with a man called Tea.** 「私はティーと呼ばれている男と話をした」

例4 **We are looking for someone to take our instruments to the concert hall.**
  「私たちは私たちの楽器をコンサートホールまで運んでくれる人を探している」

50 ▶名詞構文

名詞化した動詞・形容詞は元に戻そう①

〈In the history（of medical science）〉, ***the acquisition（of a***
　　　　　　　　　　　M
detailed knowledge（of human anatomy））） was a huge leap
　　　　　S　　　　　　　　　　　　　　　　　　　　　V　　　C
forward.

日本語訳例

医学の歴史において，人体に関する詳細な知識を獲得したことは，飛躍的な前進で
　※1　　　　　　　　　　　　　※3　　　　　　　　　　　　　　　　　※2　　　　　　　　　※4
あった。

※1　medical science を「薬学」や「医療科学」とするのは不適切です。

※2　acquisition of 〜 は，名詞構文を意識して「〜を獲得したこと」とするのが適切です。「〜の
　　獲得」としても×にはできません。

※3　anatomy は「解剖学」という意味もありますが，ここでは「（解剖学的な構造に注目した）人
　　間の体」の意味です。

※4　a huge leap forward を「大きな前進」と訳すのはhugeの訳語が不十分です。「大躍進」とす
　　るのは可です。forwardは副詞ですが，名詞の直後に置かれて形容詞的な働きをしています。
　　（類例）on my way home　「家に帰る途中」

英文分析

　理系の論文では，特に原因結果を明確にする必要がある内容が多いため，名詞構文だ
らけです。

1. 名詞構文の考え方

　「名詞構文」とは，**「動詞や形容詞を名詞化した文」**のことです。日本語にも存在しま
すが，英語では頻繁に見られます。これは動詞や形容詞の名詞形に焦点を当てるための
特殊構文です。例えば We closely examined the evidence.「我々はその証拠を綿密に

調べた」が原因で，We discovered the contradiction of his opinions.「彼の意見の矛盾を発見した」が結果の文を作る場合に，名詞構文を用いると Our close examination of the evidence led to the discovery of the contradiction of his opinions. となります。「綿密な調査の結果発見した」という論理が明快な文ですね。

　普段から「動詞や形容詞の名詞形を見たときには，**元の動詞や形容詞に戻して考える**習慣をつけること」が大切なのです。例えば，the beliefs of our parents は，「親の信念」と考えても間違いではない場合もあるでしょうが, belief をその動詞形に戻して「親が信じていること」とするのが自然な訳です。

　his discovery of a new star は He discovered a new star. の名詞構文で「彼が新しい星を発見したこと」と訳します。「彼の新しい星の発見」と訳すと少し硬いですね。

　an increase in the amount of CO_2 は普通に訳せば「二酸化炭素量の増加」ですが, 名詞構文を意識して訳すと「二酸化炭素量が増加すること」となります。これはどちらで訳しても問題ありません。このように名詞構文を意識しなくてもよいこともあります。

　本問は the acquisition of 〜「〜の習得」と，a detailed knowledge of 〜「〜の詳細な知識」の部分が名詞構文です。どちらも名詞構文を意識するとそれぞれ「〜を獲得すること」「〜を詳細に知っていること」となりますが, これらを足して訳すと日本語がくどくなります。よって a detailed knowledge of 〜 の部分は名詞構文を意識せず「〜に関する詳細な知識」とします。

2. 名詞構文における「目的語を示す of」

　一般に，他動詞を名詞化すると目的語は of 〜 あるいは *one's* で表されます。

例1 **This disease is caused by *excess production of stomach acid*.**

　　「この病気は胃酸を過剰に分泌することから引き起こされる」

production of stomach acid は produce stomach acid が名詞化された形です。

例2 **We are responsible for *her protection*.**

　　「私たちは彼女を守る責任がある」

her protection は protect her が名詞化された形です。本問は **例1** と同じタイプです。

3. 多義性に注意しよう

　「1つの単語を1つの意味で覚える」というのは初学者には有効ですが，それをいつまでも続けていると有害になります。例えば literature はほぼ「文学」の意味で出てきますが，「文献」と訳すべき場合があります。また, suffer from 〜 は「〜で苦しむ」ですが, suffer 〜 は「(苦しいこと) を経験する」という意味です。文脈に応じた意味を書けるかどうかが学力です。本問の anatomy はたいてい「解剖学」ですが，「(解剖学的な見地から見た人体や動植物の) 構造」という意味も持ちます。

51 ▶名詞構文

名詞化した動詞・形容詞は元に戻そう②

The release (***by the National Police Agency***) (***of video*** ***footage*** (***of the suspect's interrogation***)) was a major influence (in the hardening (of public opinion (regarding the nature (of the terrible crime)))).

S / V / C

日本語訳例

警察庁がその容疑者の取り調べ 映像 を公開したことで，その凶悪犯罪 がどのよう
　　　　　　　　　※3　　※2　　　　　※1　　　　　　　　　※6
なものであったのかについての世論を硬化させるのに大きな影響を与えた。
　　　　　※5　　　　　　　　　　　　※4

- ※1　The release ... of 〜 の訳は「〜を公開すること」は不適切です。
- ※2　この video footage の video の訳を「動画」「シーン」とするのは不自然です。
- ※3　the suspect は「その容疑者」です。interrogation は「尋問」でも可です。
- ※4　the hardening of 〜 の訳として「〜を固めること」は不自然です。「〜の硬（直）化」も可です。
- ※5　the nature of 〜 の訳は「〜の性質，本質」は不自然です。「〜の実態」は可です。
- ※6　the terrible crime は，the suspect が関わった犯罪と考え「その〜」とします。

英文分析

　release は，動詞 release 〜「〜を公開する」の名詞形です。「誰」が「何」を公開するのかな？と考えて読み進めます。

1.　名詞構文の主語の表し方

　一般に，他動詞を名詞化すると目的語は of 〜 あるいは *one's* で表すことは既に学習しましたね。

例1 *Careful examination of* the ruins revealed a new fact.

　「その廃墟を詳しく調べた結果，新しい事実がわかった」

　この **例1** の careful examination of ～ は，carefully examine ～ が名詞化された形です。

　実は，名詞構文の主語も of ～ あるいは *one's* で表します。**自動詞の名詞構文**を考えてみましょう。The people complain「その人たちが不平を言う」を名詞構文にすると (the) complaint of the people / the people's complaint となります。自動詞は目的語をとらないので of が目的語を表すことはありません。

　では，**他動詞の名詞構文**はどうなるでしょうか。他動詞の名詞構文で主語も目的語も必要とする場合，どちらも of ～ で表すとどうなるでしょうか。例えば，the scientists discover the theory「科学者たちがその理論を発見する」を名詞化すると，the discovery of the scientists of the theory となりますが，これではどれが主語でどれが目的語なのかが一見わかりにくい状態です。こういう of が連続してしまう場合には，誤解を防ぐために**主語は by で示す**のが一般的です。

例2 *The destruction by the typhoon of the town* was terrible.

　「台風がその町を破壊した様子は悲惨だった」

　この **例2** の下線部は The typhoon destroyed the town. が名詞化された形です。by ～ と of ... を順番を逆にして The destruction of the town by the typhoon was terrible. とも言えます。

　本問では，The release *by* the National Police Agency *of* video footage of the suspect's interrogation の部分は，the National Police Agency released video footage of the suspect's interrogation を名詞化した形です。

2.《*one's*＋動詞の名詞形》

《*one's*＋動詞の名詞形》を見たときにどのように反応すべきでしょうか。

(1) 自動詞の名詞形の場合

　一般に《*one's*＋自動詞の名詞形》の場合，***one's* は必ず主語**を表します。

例 Shortly after *our arrival* at the station, it began to snow.

　「我々が駅に到着してまもなく雪が降り出した」

　この **例** では our が arrival の意味上の主語になっています。

(2) 他動詞の名詞形の場合

　一般に《*one's*＋他動詞の名詞形》の場合，***one's* は主語か目的語**を表します。しかし，他動詞の名詞構文では一般に，自明な主語あるいは一般論の主語は省略可能ですが，目的語は省略しないのが普通です。よって，《*one's*＋他動詞の名詞形》の場合は *one's* はまずは目的語を示すと考え，文脈に合わなければ主語と判断してください。

　本問では the suspect's interrogation が Ｏ Ｖ の関係になっています。

52

名詞化した動詞・形容詞は元に戻そう③

The protection（*of the Amur leopard*）（*from poaching by*
　　　　　　　　　　　　S
local villagers）has proven to be an extremely difficult
　　　　　　　　　　助　　V　　　　　　　　　　　　　　　C
undertaking, | and | success would still seem to be a long way off.
　　　　　　　接　　　S　　　助　　M　　V　　　　　C

日本語訳例

アムールヒョウを地元の村人の密猟から守ることは非常に困難な仕事であることが
　　　　　　※1　　　※2　　　　　　　　　　　　　　　　　　　　　　　　　　※4
判明した。だから，成功にはまだ時間がかかりそうである。
　※3　　　　　　　　　　　　　※5

※1　the Amur leopard「アムールヒョウ」。朝鮮半島，中国東北部，ロシア沿海地方に自然分布し
　　ていたが，環境破壊や毛皮目的の狩猟で激減し，絶滅危惧種に指定されている。
※2　localは「（その）土地の」「現地の」と訳すのも可ですが，「地方の」は不適切です。
※3　has proven to be ～「～と判明した」を「～を証明した，された」とするのは不適切です。
※4　undertakingは「こと」と訳しても×ではありませんが，「企て」などは不適切です。
※5　a long way offを「随分先のこと（である）」「長い道のり（である）」と訳すのは可ですが，
　　文字通り「遠く離れて（いる）」は不適切です。

英文分析

the Amur leopard「アムールヒョウ」についてはぜひ調べてみてください。

1. 前置詞を伴う名詞構文

substitute *A* for *B* は **「B の代わりに A を用いる」** という意味ですが，これを名詞構文にすると **the substitution of *A* for *B*** となります。この際に，for *B* と substitution との関係を見落としてしまうことが多いので気をつけてください。次ページに類例を挙げておきます。なお動詞の名詞形の前に置く冠詞は，文脈に応じて a / an / the になりますが，ここでは便宜上すべて the にしてあります。

- apply *A* to *B*「AをBに応用する」→ **the application of *A* to *B***
- define *A* as *B*「AをBと定義する」→ **the definition of *A* as *B***
- distinguish *A* from *B*「AをBと区別する」→ **the distinction of *A* from *B***
- exchange *A* for *B*「AをBと交換する」→ **the exchange of *A* for *B***
- prevent *A* from *B*「AがBするのを妨げる」→ **the prevention of *A* from *B***
- provide *A* for *B*「BにAを供給する」→ **the provision of *A* for *B***

本問では protect *A* from *B*「AをBから守る」が名詞構文になった形で，the protection of *A* from *B* になっています。protection と from *B* との関係を見落とさないように十分に注意してください。

2. 名詞構文で主語を表す by 〜

S protect(s) *A* from *B* を名詞構文にすると，the protection of *A* by *S* from *B*，もしくは the protection by *S* of *A* from *B* となります。ところが本問の The protection of the Amur leopard from poaching <u>by local villagers</u> は，by local villagers の位置が普通とは異なります。よって by local villagers が protection の主語を示すのではなく，直前の poaching の主語を示していると考えるのが適切です。では protection の主語はどこにあるのでしょうか。名詞構文においては，**「自明な主語」**や**「一般論の主語」**は**省略**される傾向にあります。

例1 *The production of electric cars* **has increased throughout the world.**
「電気自動車の生産（←を生産すること）は世界中で増加した」

例2 **We focus on** *the application of psychology* **to linguistic research.**
「我々は心理学を言語学研究に応用することに注目している」

例1 では production，**例2** では application の主語が一般論として省かれています。本問の protection の主語は上記と同様に省かれていることがわかります。

3. prove 〜 の2つの意味について

prove 〜 は，SVOの場合**「(人・事・物が) 〜を証明する」**の意味で用います。

例1 **The lawyer tried to** *prove* **that he was innocent.**
「その弁護士は彼の潔白を証明しようとした」

また，SVCの場合**「〜であることが判明する，結局〜になる」**の意味で用います。

例2 **Our project** *proved* **(to be) successful [to be a success].**
「私達の計画は結局成功した」 ※ 補語が名詞の場合，通常 to be は省かない。

本問では **例2** と同様にSVCになっています。

▶名詞構文

目的語を of ～ 以外で表す
名詞化した他動詞①

[Showing ***respect*** (***for*** the rights and opinions (of others))] is
　　　　　　S　　　　　　　　　　　　　　　　　　　　　　　　　　　V
interesting ⟨in its ***resemblance*** (***to*** the tact and forbearance {that
　　　C
are required ⟨by rules (of etiquette) (in many different
　M
cultures)⟩})⟩.

日本語訳例

他人の権利や意見を尊重することは，それが，多くのさまざまな文化の礼儀作法で
　　　　　　　　　　　　　　　　　　　　　※1
要求される機転や我慢に似ているという点で興味深い。
　　　　　　※3　　　　　　　　　※2

※1　show respect for ～ は「～に敬意を示す」は可ですが，「～に尊重を示す」は不自然です。
　　「～を尊敬する」は人を目的語にする場合の日本語なので不可です。

※2　in its resemblance to ～ は「～に類似しており，似ていて」でも可です。

※3　tactは「気配り」「如才なさ」などの訳語でも可です。forbearance は「自制心」「自制」「辛
　　抱（強さ）」などの訳語でも可です。

英文分析

1.　目的語を示す前置詞としてof以外が用いられる名詞

　他動詞を名詞化すると，目的語は普通 of ～ で表します。ところが一部の動詞は，名
詞化しても of で表さないで，別の前置詞を伴います。例えば influence ～「～に影響を
及ぼす」を名詞化すると，influence of ～ にはならず，influence on ～ となります。こ
れは，influence of ～ とした場合, of ～ が必ず主語を表すからです。日本語でも「英語
の学習」の「の」は，目的語を示し，「学生の学習」の「の」は，主語を表します。とこ
ろが，「英語の影響」の「の」は主語を表し，「学生の影響」の「の」も主語を表します。

これと似ていますね。このような単語を次にまとめておきます。

> **(1)「影響，強調」**：influence 〜「〜に影響を及ぼす」，emphasize 〜「〜を強調する」，stress 〜「〜を強調する」
>
> 《名詞＋on 〜》→ influence / emphasis / stress＋on 〜
>
> **(2)「支配」**：control 〜「〜を支配する」，master 〜「〜を習得する」
>
> 《名詞＋over 〜》→ control / mastery＋over 〜
>
> **(3)「愛情，要求」**：love 〜「〜を愛している」，respect 〜「〜を尊敬している」，appreciate 〜「〜を鑑賞する」，need 〜「〜を必要とする」，demand 〜「〜を要求する」
>
> 《名詞＋for 〜》→ love / respect / appreciation / need / demand＋for 〜
>
> **(4)「訪問，接近」**：visit 〜「〜を訪れる」，approach 〜「〜に接近する」，resemble 〜「〜に似ている」，answer 〜「〜に答える」
>
> 《名詞＋to 〜》→ visit / approach / resemblance / answer＋to 〜
>
> **(5)「その他」**：attend 〜「〜に出席する」，resist 〜「〜に抵抗する」
>
> 《名詞＋at 〜》→ attendance at 〜／《名詞＋to 〜》→ resistance to 〜
>
> （注）control, mastery, love, appreciation は of になることもあります。

2. 日本語の「名詞構文」との比較

　日本語の名詞構文（という用語があるかどうかは知りませんが）では，英語の名詞構文と同様に，主語や目的語は「の」で表すことができます。例えば「彼の学習（ＳＶの関係）」，「英語の学習（ＯＶの関係）」などがあります。ところが，上で挙げた「影響（influence）」「愛情（love）」などの名詞の場合は，「〜の影響」「〜の愛情」と書いた場合（ＳＶの関係）にしかなりません。例えば「彼の影響（ＳＶの関係）」「英語の影響（ＳＶの関係）」「母の愛情（ＳＶの関係）」「子どもの愛情（ＳＶの関係）」などです。これらは「影響」「愛情」という名詞が，動詞の名詞形というよりも普通名詞であることを示しています。

　日本語では《〜＋の＋普通名詞》は，所有関係を示します。例えば「彼の本」「本の表紙」のようにです。

　よって，上に挙げた「影響」「愛情」などの名詞も普通名詞のような扱いを受けていることがわかります。例えば，「彼の影響」と言った場合，「彼に影響を及ぼすこと」の意味にはならず，「彼の所有する影響」の意味になるのです。

　よって，「影響」「愛情」という名詞で目的語を追加するには，「の」ではなく「〜に対する（影響・愛情）」「〜への（影響・愛情）」などの表現を使います。of 以外の前置詞が使用されるのは，英語でもこれと同じ現象が起きているからだと考えましょう。

A mother's ***love*** (***for*** her child) , love {which is completely
〈S〉　　　　　　　　　　　　　　　　　　　　　　　　　　　　〈Sと同格の関係〉
altruistic} , is one (of the strongest emotions {*that* one can
〈V〉　〈C₁〉　　　　　　　　　　　　　　　　　　　　〈O'(省略)〉〈S'〉〈助'〉
experience}) , and all the more deceptive 〈because of the ease
〈V'〉　　　　　　〈接〉　〈C₂〉　　　　　　　　　　　　　　　〈前〉
{〈with which〉 many mothers are able to love their children} 〉.
〈M'〉　　　　　　〈S'〉　　　　　〈助'〉　〈V'〉　〈O'〉

日本語訳例

子供に対する母親の愛，つまり完全に利他的な愛は，人が経験できる最も強い感情
　　　　　　　　　　　　　　　　　　　　　　　※1　　　　　　　　　　　　※2
の一つである。そしてまたその愛情は，多くの母親が苦もなく自分の子供を愛する
　　　　　※3
ことができるが故にいっそう，それほど強いものには見えないのである。
　　　　　　　　　　　　　　　　　　　　　　　　　　　　　　　　※4

※1　前半の訳を「母親の完全な利他的な子供への愛」とすると，A mother's love とそのあとの
　　　love との同格関係が示されていません。

※2　one は一般の人を示す働きなので「人」とします。「1つ」は不適切です。

※3　and がつないでいるものが, one of the … と all the more deceptive であることがわかってい
　　　ない訳は点数はもらえません。

※4　deceptive の訳として「人の目を欺く」は可ですが「欺瞞的な」は不適切です。

英文分析

1. 目的語を示す前置詞として of 以外が用いられる名詞

　他動詞を名詞化した場合に，目的語を示す前置詞として of ではなく，別の前置詞を伴
う名詞については，1つ前の単元で学習しましたね。**love** はその仲間に入る動詞です。
本問では a mother's が love の意味上の主語の働きをしていて，a mother's *love* for her
child は，A mother *loves* her child. の名詞化だとわかればよいわけです。

「～を愛すること」という場合，「（家族や恋人などの人）への愛」については普通 love for ～ の形を用います。ただし「（事や物）への愛着」の意味では，love of ～ が用いられることがあります。例えば his love of Japan「彼の日本への愛着」のような感じです。

2. *S V* all the＋比較級＋because *S' V'*［because of＋名詞］.

《The＋比較級 *S' V'*, the＋比較級 *S V*.》は前半が副詞節で，後半が主節でしたが，主節が前にくる場合がありました。その場合には《*S V* (the) 比較級, the＋比較級 *S' V'*.》という形でしたね。

例 *The* longer I was with her, *the* better I liked her.

→ I liked her (*the*) better, *the* longer I was with her.

「長く一緒にいればいるほど，彼女のことが好きになった」

さらに，この英文の副詞節の部分を**理由**の表現で置き換えることがあります。

→ I liked her *the better* because I was with her long.

この場合に，the better を強調するために副詞の all を付けることがあります。

→ I liked her <u>all</u> *the better* because I was with her long.

「長く彼女と一緒にいたためにいっそう彼女が好きになった」

本問では all the more deceptive because of ... の部分が該当します。

3. the ease with which *S V* は文として訳してみよう

本問を前から見ていくと the ease「簡単さ」＋ with which「その簡単さでもって」＋ many mothers are able to love their children「多くの母親が自分の子供を愛することができる」となります。これを「多くの母親が自分の子供を愛することができる簡単さ」とすると，不自然な日本語になります。このような場合は「先行詞への焦点化を外して」，全体を１つの文に戻して訳すと自然な日本語になります。ここでは「多くの母親が簡単に自分の子供を愛せること」とすればいいでしょう。

一般に with ease「簡単に」，with rapidity「急速に」，with determination「固い決意で」から作られた《the ease / rapidity / determination with which *S' V'*》は，１つの文として訳すと自然な日本語になることを覚えてください。

例 The speed *with which* the number of these species is decreasing is uncertain.

「これらの種がどれくらいの速度で減少しているのかは，はっきりしない」

上の **例** を「これらの種が減少している速度は，はっきりしない」とするのは，間違いではありませんが不自然な訳になります。

55 ▶名詞構文

動詞や形容詞の名詞化は前置詞が決め手①

55

The ***correspondence*** (***of*** the adoptee's DNA profile) (***with*** those
(of members (of two families (in the Bordeaux region)))) offers
an important clue (to her likely biological origins).

S / V / O

日本語訳例

その養女のDNA型鑑定 が，ボルドー地方の2つの家族の人々のDNA型鑑定と一致
　　　　　※2 ※1　　　　　　　　　　　　　　　　　　　　　　　※3
したことは，その養女の生物学的起源の可能性を知る重要な手がかりとなる。
　※1　　　　　　　　　　　※5　　　　　　　　　　　　　　　　※4

※1　correspondence of A with B は，A correspond(s) with B の名詞構文で「AがBと一致する
　　こと」の意味です。

※2　DNA profile を「DNA情報」と訳すのは可ですが「DNAファイル」は不適切です。また，「DNA
　　鑑定」とするのも一般的ではありません。

※3　この文脈で members の訳はなくても可です。the other members of my family「私の家族の
　　他の人たち」などの場合には必要となります。

※4　offers は現在形なので「〜した」の類いの訳は不可です。

※5　likely は「可能性が高い」「もっともらしい」などの訳は不適切です。

英文分析

　そもそも自動詞と他動詞の区別ができていなければ，この識別は困難です。

1. 自動詞の名詞構文は，元の前置詞を引き継ぐ

　自動詞を名詞化した場合，本来自動詞に伴う前置詞は，その動詞の名詞形にもつなげ
ることになります。例えば S succeed(s) in 〜 を名詞構文にすると，まず the success
of S で「Sの成功」となり，そのあとに in 〜 をつなげ，**例1** のように **the success of
S in 〜** となります。of S に気をとられて in 〜 を見失わないように注意が必要です。

例1 *The success of* our political campaigns *in* the election shocked them.

「その選挙における私たちの政治運動の成功は彼らに衝撃を与えた」

主語を所有格で表すこともあります。

例2 *Our dependence on* Tom over a long time began to irritate him.

「我々がトムに長い間依存していたので彼をいらいらさせ始めた」

この **例2** では，our dependence on Tom over a long time の部分が，we depended on Tom over a long time を名詞構文にした形になっています。

本問では，correspondence を見たときに，この動詞形がとる形 A correspond(s) with B.「A と B が一致する」を思い浮かべ，それを名詞構文にした形 correspondence of A with B を予想します。すると全体の文の構造が見えてくるはずです。

本問では The correspondence of the adoptee's DNA profile with those of members of two families in the Bordeaux region の部分が該当部分になります。

2. 「〜の」と訳す to

日本語では「〜の」の訳に当たる語を英語にするときに，to を使う場合があります。本来は「〜へ至る」といった意味のときです。

- a key to success 「成功の鍵」
- a key to our apartment 「アパートの鍵」
- an obstacle to our plan 「私たちの計画の障害（となるもの）」

本問では an important clue to ... の部分がこれに当たります。

3. likely の用法

likely にはいくつかの用法があります。

次の **例1** **例2** **例3** は形容詞の用法で，**例4** は副詞の用法です。

例1 He is *likely* to live to one hundred.

≒ It is *likely* that he will live to one hundred.

「彼は 100 歳まで生きそうだ」

例2 He is considered to be a *likely* basketball star player.

「彼はバスケットボールのスタープレーヤーになると思われている」

例3 He made up a *likely* excuse for being absent.

「彼は欠席のもっともらしい言い訳をした」

例4 She will *likely* be in London tomorrow.

「彼女は明日たぶんロンドンにいるでしょう」

本問の likely の用法は **例2** に近いですね。

動詞や形容詞の名詞化は前置詞が決め手②

56

Our grandfather believes ⟨in the ***superiority*** (***of*** wisdom, {⟨by
　　　　S　　　　　V　　　　　　　　　　　　　　　　　M₁
which⟩ he means [knowing [what helps you lead a happy and
　M'　　S'　　V'　　O'→ V"　　O"→S"　　V"　O"　　　　　C"
moral life]]}), (***over*** mere learning)⟩.
　　　　　　　　　　　M₂

日本語訳例

知恵は，祖父によると幸せにまた道徳的に生きるのに役立つものを知っているとい
　　※2
う意味だそうだが，単なる学問 よりも優れていると祖父は信じている。
　※3　　　　　　　　　　　　　　※4　　　　　　※2　　　　　　　　　※1

※1　believe in 〜 は「〜（の存在・能力・価値など）を信じている」の意味で，inの訳は特に必要
　　ありません。

※2　the superiority of A over B の関係が見えていない訳では点は残りません。

※3　by which he means 〜 は，「それによって彼は〜を意味する」の意味です。「知恵，祖父の説
　　明では〜である」「知恵，この語によって祖父が意味しているのは〜」でも可です。

※4　learningは「学習」でも可とします。

英文分析

　形容詞も名詞構文になります。本問の superiority が superior の名詞形に見えれば
OK です。

1. 名詞構文の考え方

　形容詞の名詞形の場合でも，元の形容詞に戻して考えることが重要です。例えば，the
ability of A to (V) は「A の V する能力」という訳も可能ですが，元の形容詞を考える
と A be able to (V). の名詞構文だとわかります。ですから，「A が V できること」とい
う訳もできるようにしておいてください。次の **例** は inability of A to (V) となっていま
すから「A が V できないこと」と考えて訳します。

120

例 The *inability of* students from various countries *to* communicate with each other irritated them.

> 「さまざまな国から来た学生たちは，お互いに意思の疎通を図ることができなかったため，いらだっていた」

本問には superiority という名詞があります。これを見たときに，形容詞形の superior を考えてください。superior は普通，*A be* superior to *B*. 「A は B より優れている」で使いますね。これは名詞構文でも同じです。名詞構文にすると the superiority of *A* to *B* となります。よって superiority を見たら to 〜 を探すことになりますが，本問中には見当たりません。あるのは over 〜 だけですね。結局，「B より優れている」は「B を超えて」のイメージと重なりますから，to 〜 の代わりに over 〜 が使われていることがわかれば OK です。

2.《コンマ（,）＋関係代名詞節》について

関係代名詞節の前後にコンマ（,）を打つことがあり，非限定用法，非制限用法，継続用法などと呼ばれます。

例1 We successfully developed a device that absorbs light.

> 「光を吸収する装置の開発に成功した」

この例の関係代名詞節（that absorbs light）は，世界に数ある a device を「限定」する働きがあります。よって「限定用法」「制限用法」と呼ばれています。この場合，通例，関係代名詞の前後にはコンマを付けません。

例2 India, which used to be a British colony, now has the largest population in the world.

> 「かつてイギリスの植民地であったインドは，今では世界最大の人口を誇る」

この例は，「インド」という国が複数あって，そのうちの「イギリスの植民地であったインド」ということを意味するのではありません。関係代名詞節は「インド」の追加説明をしているだけです。このような場合には関係代名詞節の前後にコンマを付けます（関係代名詞節で文が終わる場合は，右側はピリオドを打ちます）。

本問の by which he means ... の部分は，直前の wisdom の意味を限定，制限するのではなく，「wisdom とはこういうものだ」という追加説明になっています。よって，関係代名詞節の前後にコンマが打たれているのです。日本語では限定用法と非限定用法を形の面で区別することはあまりありません。よって訳出に際しては「知恵，それは〜」と関係代名詞節をあとで訳しても，「〜な知恵」と関係代名詞節を先に訳してもかまいません。

57 ▶仮定法

could / would / might は「現在」の意味

The government says [that deepfakes ***could*** pose the biggest
　　　　S　　　　　V　O→接　　　S'　　　　助'　V'　　　　　O'
threat {*that* our society has ever faced}].
　　　　O"(省略)　　　S"　　　　助"　M"　V"

日本語訳例

ディープフェイクは，私たちの社会が今まで直面してきた中で最も大きな脅威をも
　　　　　　　　　　　　　　　　　　　※2　　　　　　　　　　　　　　　　　　※5
たらすかもしれないと政府は述べている。
　※4　　　　　※3　　　　※1

※1　The government を「その政府」としても×ではありません。ただし，自国の政府について
　　　述べるのなら単に「政府」とするのが自然な日本語です。

※2　deepfake は新語で定訳がないのでカタカナ表記でいいでしょう。

※3　could を「できた」と訳すのは間違いです。

※4　pose ～ の訳は「～を引き起こし（得る）」でも可です。

※5　ever は「今まで」の意味です。「これまで」でも可です。

英文分析

「could は can の過去形」の不用意な一言で数万人の中学生が英語難民に変身します。

1. could / would / might は，形は過去形でも意味は現在

could / would / might は，本来は can / will / may の過去形でしたが，現在では特殊
な例外を除き「現在」の意味で使われます。そしてそれぞれ **can / will / may の意味を
弱めた形**だと覚えておいてください。例えば，もし We could go shopping. という文が
前後の文脈がなくいきなり出てきたら「買い物に行くことができた」という過去の意味
にはならずに，「買い物に行くことも可能かもしれない」→「買い物に行きませんか」と
いう意味になるわけです。

could を過去の文で使うことができる例外は以下のとおりです。

(1) 間接話法における時制の一致

例1 Judy said that she *could* come to the party.

「ジュディはパーティーに行けると言った」

(2) 過去のある一定期間における能力（過去の一定期間を示す副詞が必要）

例2 When I was young, I *could* swim across the river.

「私は若いときはその川を泳いで向こう岸まで行くことができた」

(3) 過去を示す副詞（句・節）（あるいは文脈）＋否定文

例3 I ran as fast as possible, but I *could* not catch the bus.

「私は一生懸命走ったが，バスに間に合わなかった」

※「バスに間に合うだけの能力がなかった」→「間に合わなかった」

(4) 過去を示す副詞（句・節）（あるいは文脈）＋ see / hear / understand など

例4 I *could* hear something in the garden last night.

「私は昨夜庭で物音がするのが聞こえていた」

※ 状態動詞の hear や see は通例，進行形にしないので，その状態が一時的に続いている状況を表すために can hear / see が使われます。

本問の could は上記の例外ではなく，「ひょっとしたら〜かもしれない」という can の意味を弱めた「現在」の意味です。

なお，過去における1回限りの「できた」には could は使えません。これは日本語の「できた」は「実行した」という意味があるのに対して，英語の could には「〜するだけの能力はあったが，実行したかどうかは不明」という意味があるからです。

例5 I ran fast, and managed to catch [× could catch] the bus.

「懸命に走ったので，何とかバスに乗れた」

2. say の特殊性

S say (s) (that) *S' V'*. は，たとえ「言った」のが過去でも，その内容が現在に影響を及ぼしている場合には say を現在時制で用いることができます。

例 Shakespeare says that it is important to be true to oneself.

「シェークスピアは自己に忠実であることは重要だと言っている」

他にも The letter says that *S' V'*. 「手紙には〜と書いてある」，The newspaper says that *S' V'*. 「新聞によると〜」などもすべて同じです。

本問ではこれと同様で，says が現在時制になっています。

仮定法らしき文中の疑問文の形は「ifの省略」の合図①

His lectures are usually given 〈using relatively simple language〉,
S   V   M₁   V   M₂

{which makes the content much easier 〈for students to
S'   V'   O'   C'   M'

understand〉〈than they would be able to 〈***were his terminology***
接   S"   助"   V"'   S"'

replete 〈with technical jargon 〈mostly known 〈only to
C"'   M"'

specialists〉〉〉〉〉} .

日本語訳例

通常彼の講義は比較的簡単な言葉を用いて行われる。そのため，彼の講義内容は，
※1
もし彼の使う用語が，ほとんど専門家しか知らないような専門用語が多いものであ
※2
る場合より，学生が理解するのがずっと簡単になる。
※5   ※4   ※3

※1　usually は「(例外はあるが) いつも (は)」の意味なので「いつも」は避けてください。

※2　《コンマ (,)＋which》の先行詞は，前文なので「そのため」などと訳します。

※3　for students to understand の for students は to 不定詞の意味上の主語なので，「学生にとっ
て」という訳は避けてください。

※4　than のあとに if 節 (または仮定法の条件節相当語句) があるときには「〜の場合より」と訳
すと，自然な日本語になります。なお，they would be able to を訳すと，訳が冗長になるので不
要です。

※5　were his terminology replete は if his terminology were replete から if が省かれ，倒置になっ
た形です。

※6　technical jargon は「専門用語」の意味です。

英文分析

疑問文でもないのに疑問形があれば，倒置の可能性を考えてください。

1. 仮定法らしき文中の疑問文の形は「ifの省略」の合図

　仮定法らしき文の中に疑問文の形が出てきたら，if が省略されて倒置が起こっていると考えてください。この倒置は，やや文語調の表現ですが，読解の際には重要です。出てくるパターンは，次の3つです。

---

(1) if S were ...　　　→　　were S ...
(2) if S should V　　　→　　should S V
(3) if S had (V)p.p.　→　　had S (V)p.p.

---

(1) の例 *Were I* in your position, I *would* tell the boss exactly what I want.
　　　　「もし私が君の立場なら，まさに望んでいることを上司に伝えると思う」

(2) の例 *Should you* have any questions, please don't hesitate to ask me.
　　　　「何か質問があれば遠慮なく私に尋ねてください」

If S should V は「(可能性が低いかもしれないが) もしSVなら」の意味です。

(3) の例 The jobs *would* have thrilled me *had I* been told about them at school. 「その仕事のことを学生のときに教えてもらっていたら，きっとワクワクしたことであろう」

had I been ... は if I had been から if が省略され，倒置された形です。この例のように文中に入ると紛らわしくなるので注意が必要です。

　本問では were his terminology replete が if his terminology were replete の if が省略されたあとの倒置形です。全体の時制が現在なのに would があることから仮定法を予測していれば，倒置にも容易に気がついたと思います。

2. 未知の語の意味の推測

　普通知らない単語の意味の推測は困難です。しかし大学入学試験の英文解釈の問題の場合，話は別です。教科書や市販の単語集に載っていないような難語が下線部訳をすべき英文中にある場合は，出題者はその意味の推測を要求していると考えてよいと思います。

　出題者が推測可能であると思ったということは，多くの場合，本問中に**「言い換え」**あるいは**「対比」**が存在します。よって，そのようなものを探し出せばいいだけです。

例 His lifelong study of the universe contributed to the advancement of astronomy, but it might have been to the *detriment* of his married life.
　　「彼の生涯をかけた宇宙の研究は天文学の発展に寄与した。しかし，それは彼の結婚生活を犠牲にしたかもしれない」

この**例**では detriment が難語ですが，前半との対比から容易に意味が推測できます。

　本問では replete が難語ですが，「比較的簡単な言葉を通常は使用」⇔「専門用語を多用」という流れで推測してみてください。

59 ▶仮定法

仮定法らしき文中の疑問文の形は「ifの省略」の合図②

Our technical support line is open 〈24 hours a day〉,〈365 days a
year〉.〈***Should you*** encounter any difficulty〈in installing the
system〉〉, please be sure〈to contact us at any time〉.

日本語訳例

弊社の技術サポートは24時間365日ご利用いただけます。システムの導入に際して
何かお困りのことがございましたら，どうぞお気軽にいつでも弊社までご連絡くだ
さい。

※1　technical support line は「技術面でのお助け」「技術（面での）支援」でもかまいません。
line を訳す必要はなく，「回線」「ライン」などとすると不自然な日本語になります。

※2　is open は，「受け付けております」「対応しています」「通話可能です」でも可ですが「開い
ています」「営業しております」は不自然です。

※3　Should you encounter any difficulty は「何か問題が発生した場合には」でも可です。丁寧語
ではない「直面したら」「あったら」「生じたら」などは不適切です。

※4　please be sure to (V) は「どうか必ず～してください」が直訳ですが，ここでは文脈を踏ま
えて上記の訳例のようにするか「ご遠慮なく～してください」などとします。

※5　contact us は「お問い合わせください」「ご相談ください」は可ですが，「連絡をください」
などは丁寧語の観点から不適切です。

英文分析

この訳はお客様への文なので日本語訳にあたっては文体に注意してください。

1.　仮定法らしき文中の疑問文の形は「ifの省略」の合図

Should で文が始まっている場合，まず思いつくのが疑問文です。

126

例1 *Should* you pronounce "subtle" with or without the "b"?

　「subtle は b を入れて発音すべきか，それとも入れないで発音すべきか」

　この **例1** の場合には，文末に「?」があるのですぐに疑問文だとわかります。

　次の **例2** のように，もし Should で文が始まっているのに文末に「?」がなければ，If S should V の **if の省略**による**倒置形**です。

例2 *Should you* need this, please fill out this form.

　「これが必要ならば，この書式にご記入ください」

　If S should V を用いた場合，主節は必ずしも仮定法にはなりません。むしろ，仮定法でなく命令文の方が頻度が高いですね。本問もそのようになっています。なお，この形はやや文語調ですが，ビジネスのメールなどでも使われます。

2. if 節の中に should が入る理由

　「時，条件を表す副詞節中には will を入れない」というルールのルーツをたどると，昔は if 節内に仮定法現在（動詞を原形不定詞にする形）が適応されていたのがわかります。

例1 If it rain tomorrow, I will stay at home.

　if 節内は，話し手の想念を表すために，特殊な時制（原形不定詞）が用いられ，「想像だけれど，もし明日雨が降れば…」という感じだったのでしょうね。しかし，時代の変化と共に，この形は廃れ始めます。そして，それが廃れたときに 2 つの流れがありました。

(1) 原形不定詞が現在形に変わる。

例2 If it *rains* tomorrow, I will stay at home.

　　「明日雨が降れば私は家にいる」

(2) 原形不定詞を《should＋原形不定詞》にする。

例3 If it should rain tomorrow, I will stay at home.

　　「明日，万が一雨が降れば私は家にいる」

　未来のことを **(1)** のように言うのは，本来は誤用なので最初は抵抗があったと思われます。一方 shall やその過去形の should は本来，「神様の御意志」「自然の流れ」を表す助動詞です。

　よって **(2)** の場合「明日万が一雨が降ることになれば」という意味になります。ただし，より簡潔な **(1)** が普及して **(2)** はそれほど普及しませんでした。**現在では If S should ～ は，「万が一～ならば」という，話し手が可能性が少ないと思っている場合に用います。**本問ではこの形が使われています。

　demand ～「～を要求する」，suggest ～「～を提案する」の目的語となる that 節中の時制も仮定法現在が適用されました。こちらは使用頻度がそれほど高くないためか，**(1)** のような変化はまだ普及していません。ただし **(2)** は使われています。

例4 Smith demanded that the car (*should*) be returned to him.

　　「その車を自分の元へ返すようにスミスは要求した」

▶ 仮定法

仮定法の文で使われる otherwise

60

A variety of tools (included 〈in this application〉) make it possible
　　　　　　　　　　　　　　　　　　　　　　　　V　O　C
[to quickly perform tasks {that would ***otherwise*** be significantly
　M'　　　V'　　　　　　　　　　　　　　　　　　O'
time-consuming}].

日本語訳例

このアプリケーションに含まれるさまざまなツールは, 通常では 著しく 時間のかか
　　　　　　　　　　　　　　　　　　※1　　　　※4　　※5
る作業を 迅速に 行うことを可能にします。
※6　　※3　　※2　　※3

※1　tools は, この文脈では「道具」と訳すのは不自然です。

※2　quickly の訳は「素早く」でも可です。

※3　perform 〜 の訳は「〜をこなす」「〜を実行する」「〜を終わらせる」「〜を済ませる」など
も可です。

※4　otherwise の訳は「もしそうでなければ」「それがなければ」「それらを使わなければ」などで
も可です。

※5　significantly の訳は「大変」「かなり (の)」「極めて」なども可です。

※6　time-consuming の訳は「時間を食う」「時間を消費する」「時間を要する」なども可です。

英文分析

otherwise は, 必ず 3 つの意味を習得してください。

1. otherwise は 3 つの用法を確認

otherwise の原義は **in other ways**「他の方法では」「他の点では」で, そこから大き
く分けて 3 つの用法があります。ほとんどの場合, 次のうち **(1)「もしそうでなければ」**
だと覚えておいてください。

(1)「もしそうでなければ」

例1 You must leave now; *otherwise* you will be late for your social studies class.

「今すぐに出発しなさい。さもなければ社会科の授業に遅れますよ」

例2 Computer networks allow people to communicate with those who would *otherwise* never meet.

「コンピュータネットワークは，もしそれがなければ決して会うことのない人との意思疎通を可能にする」

※ **例2** のように，仮定法と共に使うこともよくあります。

(2)「他の点では」

例3 This room is a bit small; *otherwise* it is wonderful.

「この部屋は少しだけ狭い。それ以外の点では申し分ない」

(3)「他の方法で」

例4 Alan was judged guilty, but new evidence proved *otherwise*.

「アランは有罪判決が下された。しかし，そうでないと示す新たな証拠が現れた」

※「他の方法で証明した」→「新たな証拠が有罪でないと証明した」

※ **(3)** の用法では，通例動詞の前後に otherwise が置かれます。

本問は **(1)** の **例2** の用法で， = if it were not for a variety of tools included in this application「このアプリケーションに含まれるさまざまなツールがなければ」の意味です。これも仮定法と共に使われている例です。

2. to 不定詞と副詞の位置

to (V) の (V) を修飾する副詞の位置は 3 通りあります。

(1) to (V) の文末

例1 You have the right *to speak freely*.

「あなたは自由に発言する権利を有しています」

(2) to (V) の直前

例2 I told him *never to go out* alone.

「私は彼に 1 人で外出しては絶対にだめだと言った」

(3) to と (V) の間

例3 I failed *to clearly understand* what she was saying.

「彼女の言っていることをはっきりとは理解できなかった」

※ **(3)** は「分割不定詞」と言われ，本来は避けるべき用法とされていましたが，現在ではそれほど避けるべき表現ではなくなりました。

本問の to quickly perform の quickly は perform を修飾しています。これは上の分類では **(3)** に当たります。

61 ▶挿入

両側にコンマのある「SVの挿入」は文頭に戻して考えよう①

Teachers from abroad often describe public education (in Japan)
　　　S　　　　　　　M　　　V　　　　　O

as negative. ⟨More than just competitive⟩, Japanese education is
　　C　　　　　　　　M'　　　　　　　　　S'₁　　　V'₁

stressful, ***the argument goes,*** and it overemphasizes
　C'₁　　　　　　S　　　V　　　接　S'₂　　V'₂

memorization.
　O'₂

日本語訳例

海外から来た教員は，日本の公教育を否定的に述べることが多い。その主張によれ
　　　　　　　　　　　　　※1
ば，日本の教育は単に競争をあおるだけでなく，ストレスがたまり，また暗記を過
※3　　　　　　　　　　　　　　※2
度に重視するとのことだ。
　※4

※1　public education の定訳は「公教育」ですが「公共教育」も可とします。

※2　competitive の訳として「競争好きな」「競争的な」も可とします。

※3　本問の goes は says と同義なので「行く」という訳は不可です。

※4　overemphasize 〜 は「〜を過度に強調する」でも可です。

英文分析

《コンマ（,）＋関係代名詞》の場合，関係代名詞は省略できません。

1. SVの挿入

I think / I believe / it is said / it seems / there is no doubt などの that 節をとるものが，文中にコンマで挟まれて挿入されることがあります。この場合には，**その挿入されたものを文頭に移動させて考える**とよいでしょう。

例 **Competition, *we have learned,* is neither good nor bad in itself.**
「競争はそれ自体では良いものでも悪いものでもないと我々は知った」

この **例** では we have learned を文頭に置いて, We have learned that competition is neither good nor bad in itself. と同じ意味だと考えればよいわけです。なお, この挿入句を関係代名詞節と考えることは無理です。関係代名詞節では, その直前にコンマを打った場合には関係代名詞を省略することはできないからです。

本問第 2 文は, 最初見たときに, S V, S V, and S V という S V が 3 つ並んでいる形に見えますね。ところがそう考えると, the argument goes が 1 つの独立した文になっている必要がありますが, 「その主張は行く」では意味が通りません。そこで, 冒頭で述べたような S V の挿入の可能性を考えます。S go (es) that S' V' で「S (話・議論など)が S' V' と言っている」という意味です。よって, 本問を書き換えると, The argument goes that more than just competitive, Japanese education is stressful, and it overemphasizes memorization.「その主張によると〜ということだ」となります。

2. 形容詞で始まる分詞構文

分詞構文が,《being＋形容詞》,《being＋名詞》,《being＋過去分詞》の場合には being は普通省略されます。慣れていないと戸惑うかもしれません。

例 *Unaware that a new disease had appeared*, **the doctor tried to treat the patient in a conventional way.**

「その医者は新しい病気が現れたことを知らずに, その患者を従来の方法で治療しようとした」

この **例** では The doctor was unaware that ... を分詞構文にした形になっています。

本問第 2 文では Japanese education is more than just competitive を「分詞構文」にした形です。more than が添えられているのでいっそう難しく感じますね。

3. Ｓ Ｖ Ｏ as Ｃ のタイプの第 5 文型

このタイプの文型をとる動詞を大別すると次の 3 種類があります。

---

(1) O を C と見なす／考える
regard, look on, see, perceive / think of ＋ O as C

(2) O を C と認識する／受け入れる／定義する
recognize / accept ＋ O as C

(3) O を C と述べる／言及する
describe ＋ O as C

なお, この形の文では C には名詞だけでなく形容詞が置かれることもあります。

本問第 1 文は **(3)** の describe を使った形になっています。

両側にコンマのある「SVの挿入」は文頭に戻して考えよう②

A mission〈carrying human beings to Mars and back〉**, NASA**
<small>S'</small>
engineers have claimed, could be achieved〈within the next 10
<small>S</small> <small>V</small> <small>助'</small> <small>V'</small> <small>M'</small>
to 20 years〉,〈assuming, of course, that the government provides
<small>V"</small> <small>M"</small> <small>O"</small>
sufficient funding〉.

日本語訳例

米国航空宇宙局の技術者たちは，人類を火星に送り込み帰還させる 任務は，もちろ
<small>※3</small> <small>※2</small> <small>※1</small>
ん，政府が十分な資金を提供することが前提の話だが，今後10年から20年以内に達
<small>※5</small>
成されるかもしれないと主張している。
<small>※4</small>

※1　missionは「計画」でも可ですが，「ミッション」は避けてください。

※2　carrying human beings to Mars and backの訳は「人類を火星に運び地球に戻す」は可です
　　が，「人類を火星に連れて行って戻ってくる」「人類を火星に連れて行く」は不適切です。「人類が
　　地球と火星を往復する」は雑な訳ですが×ではありません。

※3　NASAの訳はNASAとしても可です。

※4　couldは仮定法で「〜かもしれない」という意味です。「〜だろう」は言い過ぎです。

※5　assuming以下は文末に置かれた分詞構文で，前文の補足です。よって，この部分を文末で訳
　　して「ただし〜であればの話だが」としてもいいでしょう。

英文分析

NASA の訳を「ナサ」とするのは避けた方がいいでしょう。

1. SVの挿入

NASA engineers have claimed の両側にコンマが打たれています。これは，この部分

がSVの挿入として置かれていることを示しています。本来は, <u>NASA engineers have claimed that</u> a mission ... could be achieved .... という文です。

A mission ..., which NASA engineers have claimed, のように, 関係代名詞の省略だとは読めません。なぜなら《コンマ (,) ＋関係代名詞》と考えた場合, 関係代名詞を省略することはできないからです。

2. could / would / might は, 形は過去形でも意味は現在

「人類を火星に送り込み帰還させる」は, そう簡単なことではありません。よって**仮定法**の **could** を用いることで, 現時点では可能性が低いと NASA の技術者たちが考えていることを示唆しています。

例 **We fear that this project *could* have a negative effect on our company.**

「この計画は我が社に良くない影響を与えるのではないかと我々は懸念している」

3. 文末に置かれた分詞構文

分詞構文の位置は通例次の3通りです。

(1) 文頭	: *(V)ing ..., S V ....*	※この場合コンマの省略は通例不可
(2) 主語の直後	: *S, (V)ing ..., V ....*	※この場合コンマの省略は不可
(3) 文末	: *S V, (V)ing ....*	※この場合コンマの省略は通例不可

(3) のように文末に置かれた分詞構文は, 「前文の内容を具体化する」「前文の内容を補足する」働きがあります。できるだけ, 書かれている順に訳します。しかし, 次の**例1**のように, thinking / hoping / believing / assuming などの「思う」という動詞が分詞構文になっている場合は, 先に分詞構文から訳しても問題ありません。

例1 **I went to India, *hoping to learn something about life*.**

「私はインドに行った。人生について何か学べるかもと期待してのことだ」

「私は人生について何か学べるかもと期待してインドに行った」

例2 **Two managers were suddenly forced to resign, *resulting in major shifts in personnel*.**

「2人の部長が突然辞任に追い込まれ, その結果大幅な人事異動になった」

この**例2**では, 分詞構文の主語は, 前文（Two ... resign）です。このような場合は, 分詞構文から訳すことはできません。

本問は, assuming 以下が分詞構文です。あとで訳しても先に訳してもかまいません。

63 ▶省略

文と名詞(句)の同格は and this isを補おう①

Meteorologists *forecast* *significant rainfall* ⟨*throughout the*
　　S　　　　　V　　　　　　O　　　　　　　　　　　M
next few weeks⟩ — ~~*and this is*~~ *a comforting prediction*
　　　　　　　　　　　　　　　　　　　　　　C
⟨since the recent hot weather and drought have created extremely
　接　　　　　　　　S'　　　　　　　　　　助'　　V'
serious problems ⟨for local farmers⟩⟩.
　O'　　　　　　　　　M'

日本語訳例

気象学者は, 今後数週間は まとまった雨が降るだろうと予測している。このところ
　　　　　　　※2　　　　　　　※1
の猛暑と干ばつは, 地元の農家にとって極めて深刻な問題であったので, これは励
　※4　　　　　　　　　　　　　　　　※5
みになる予測だ。
　　　　※3

※1　significant rainfall は「まとまった雨が降る(こと)」が最適です。「かなりの降水(量)」も
　　　可です。

※2　throughout the next 〜 は「向こう〜の間」という意味です。

※3　comforting prediction の訳は「嬉しい予報[予測]」「ほっとする予報[予測]」「安心させる
　　　予報[予測]」でも可です。「朗報」はやり過ぎですが可とします。

※4　hot weatherの訳は「暑い気候」「暑い天気」では不自然です。

※5　extremelyの訳として「非常に」では不十分です。

英文分析

　文と名詞(句)の同格は知らないと間違うポイントですが, 意外とよく出てきます。

1. 文と名詞(句)の同格の関係

　1つの文, あるいは文の一部と, 名詞(句)とが同格の関係になることがあります。こ
れは日本語でもありますね。例えば「今日は傘を忘れてきたのでずぶ濡れになった。最

悪だ」という文では「今日は傘を忘れてきたのでずぶ濡れになったこと」と「最悪（＝最悪の出来事）」がイコールの関係にあり，一種の「同格の関係」と言うことができます。

例1 *The summer continued hot and dry, a condition* which gave rise to the danger of forest fires.

「その夏は暑くて雨の降らない日が続き，そしてこれは山火事の危険を生む状態であった」

この例では 前半の文（The summer ...）と a condition が同格の関係にあります。訳出に際しては，a condition の前に and this is を補って考えるとわかりやすくなります。

例2 *Nearly two million Ukrainian refugees have been welcomed by Poland, a surprising development* in a country that has, until recently, been notably averse to the acceptance of either asylum seekers or migrants.

「ポーランドは200万人近いウクライナ難民を受け入れた。これは，最近まで亡命者や移民の受け入れに強硬に反対してきた国にとって驚くべき進展である」

この例では前半の文（Nearly two ...）と a surprising development が同格の関係にあります。

本問では，Meteorologists forecast significant rainfall throughout the next few weeks という文と a comforting prediction が同格の関係になっています。つまり「気象学者が，今後数週間はまとまった雨が降るだろうと予測していること」＝「励みになる予測」というわけです。

2. 接続詞の since の用法について

since は日本語の「〜から」に近い意味を持ちます。「君は20歳なんだから，しっかりしないとね」「日曜日からずっと雨が降っている」という例に見られるように，前者の「から」は，**理由（論理の起点）** を示し，後者の「から」は，**ある動作の起点** を示します。

例1 It has been ten years *since* I moved here.

「ここへ引っ越して以来10年が経つ」

この例は「ある動作の起点」を示す用法です。「〜以来」と訳すのが通例です。

例2 *Since* you are under 20, you cannot drink.

「君は20歳になっていないのだから，飲酒はだめだよ」

この例は「論理の起点」つまり「理由」を示す用法です。because 〜 は，新情報としての理由を示すのが通例ですが，since 〜 は，基本的に，相手も了解している理由（＝既知の理由）を示す場合に使われます。**例2** は「もちろん君もわかっていると思うが，君は20歳になっていないのだから」という意味です。

本問の since は「既知の理由」を示す働きです。

▶省略

文と名詞（句）の同格は and this isを補おう②

Peter was assigned [*to do research on earthquakes*] and
S₁　　　　V₁　　　　　　　O₁　　　　　　　　　接
spent the next six years ⟨working ⟨as a geologist⟩⟩, ***and this was***
V₂　　　　O₂　　　　　　　　　M₂
a posting {that he welcomed} , and he was a fine choice.
C　　　　　O'　S'　　V'　　　接　S₂　V₂　　C₂

日本語訳例

ピーターは地震研究を命じられ，次の6年間を地質学者として研究することに費や
　　　　　　　　　　　　　　　※1
したが，それは彼が喜んで受け入れた任命だった。そして，彼はまさに適任者であ
　※2　　　　　　　　　　　　　　　　　　　　　　　　　　　　　　　　　　　※3
った。

※1　was assigned to (V) の訳は「～を割り当たられた」「～を任命された」「～の担当となった」
　　　などでも可です。

※2　spent ～ working as a geologistの訳は「地質学者として～を過ごした」でも可です。なお、
　　　the next six yearsの訳として「今後6年間」「向こう6年間」は不可です。

※3　a fine choiceの訳として「優れた選択」では意味が通りません。「上の者が彼を選んだのはす
　　　ばらしいことだ」ということが訳に出るように「彼が選ばれたのはすばらしいことだった」とし
　　　てもよいでしょう。

英文分析

　最後の choice の訳で点差が出ますよ。

1. 文と名詞（句）の同格の関係

　1つの文，あるいは文の一部と，名詞（句）とが同格の関係になることは，前回既に
学習しましたね。では，次の2つの文を見比べてください。

例1 People like to talk about themselves, <u>a fact</u> important to the understanding of conversation.

「人々は自分のことを話すのが好きだ。そしてこれは，会話を理解する際の重要な事実である」

例2 People like to talk about themselves, <u>the fact</u> important to the understanding of conversation.

「人々は自分のことを話すのが好きだ。そしてその事実は，会話を理解する際の重要な役割を果たしている」

上の **例1** では，People like to talk about themselves. と a fact ... が同格の関係になっています。この2つの間に and this is を補って考えれば理解しやすくなります。important ... は a fact を修飾する形容詞句です。冠詞が a になっているのは，「会話を理解する際の重要な事実は数多くあるがそのうちの1つ」であることを示すためです。

次の **例2** では，fact の冠詞が the になっていますから，**例1** とは異なります。the fact being important ... から being が省略された形の分詞構文です。the fact は前文を指していて「その事実は…」と展開されているわけです。もし，**例1** のように important が the fact を後置修飾すると考えた場合，the fact と the が付いているため「重要な事実がただ1つ」という意味になり，やや不自然です。

本問では **例1** のタイプの同格関係になっています。つまり，Peter was assigned to do research on earthquakes「ピーターが地震研究を命じられたこと」と，a posting「任命」が同格の関係になっているわけです。

2. 動詞の名詞形を見たら元の動詞を考えよう

本問の最後の he was a fine choice は難しいですね。choice を「選択」と考えると先へ進めません。そこで choice が choose ～「～を選ぶ」の名詞形であることを考慮します。すると「誰が誰を選んだのか」と考えますね。ここでは「ピーターを任命した責任者がピーターを選んだ」ことは容易に想像できますね。ですから，ピーターを地質学者として研究班に任命したその選択はすばらしいことだ，と言っているとわかります。なお，ここでの choice は「選ばれた人［者］」の意味です。類例を挙げておきます。次の **例** では consideration は「考慮（する行為）」ではなく「考慮すべきこと」の意味です。

例 For these companies in the world of social media, preservation of knowledge is a purely commercial consideration.

「こうしたソーシャルメディア業界の企業にとって，知識の保存は単に商業的に考慮すべきことにすぎない」

65 ▶省略

中抜きの省略に注意

The actions (of men) are said (to be governed 〈by the faculty (of
　　　S₁　　　　　V₁　　　　C₁　　　　　　　　　M₁
reason)〉), those (of women) ***are said to be governed*** 〈by the
　　　　　　　　　S₂
faculty (of instinct)〉, but this kind (of stereotype) distorts our
　　M₂　　　　　　　　接　　　　　　　S　　　　　　　V
way (of thinking).
　　O

日本語訳例

男性の行動は理性の力で支配されていて，女性の行動は本能の力で支配されている
　　　　　　　　※2　　　　　　　　　　　　　　※1
と言われるが，この種の固定観念は私たちの考え方を歪めてしまう。
　　　　　※3　　　　　　　　　　　　　　　　　　　ゆが

※1　be governed by 〜 の訳は「〜によって左右される」は可ですが「〜によって治められる」は
　　不自然です。

※2　the faculty of reasonの訳は「理性という能力」が直訳ですが，「理性の力」とすると自然な
　　訳となります。「理性」だけでは不十分です。

※3　this kind of 〜 の訳は「このような〜」でも可ですが，「この〜」は不可です。

英文分析

簡単そうでしょうが，出てきたら難しいですね。

1. *A B C,* and *A' B C'* → *A B C,* (and) *A' C'* の中抜き

例1 **Tom is excellent at math, (and) Bill at chemistry.**
　　　「トムは数学が抜群にでき，ビルは化学が抜群にできる」
この文は，省略しないで書くと次のようになります。

Tom is excellent at math, and Bill is excellent at chemistry.
　A　　B　　　　C　　　　　A'　　B　　　　C'

後半の主語 Bill のあとの is excellent が，共通部分のため省かれていることがわかりますね。この形の文では，さらに and も省かれることがあります。

この **例1** の文は比較的簡単ですが，「中抜き」は実際の英文では相当難しく感じます。and が ;（セミコロン）になることもあります。

例2 **To err is human; to forgive divine.**
「過つは人間，許すは神」

この例では to forgive <u>is</u> divine の is が省略されています。

例3 **His good looks <u>are said to have come</u> from his father, his quick wit from his mother, and his tremendous success in tennis simply from hours of hard daily practice.**
「彼の美貌は父親譲りであり，機転は母親譲りであり，テニスでの桁外れの成功は，ひとえに彼の日々の何時間もの厳しい練習の賜物と言われている」

この例では wit, tennis のあとに is said to have come が省かれています。

本問では，次の下線部を施した部分が省略されています。

The actions of men are said to be governed by the faculty of reason, <u>and</u> those of women <u>are said to be governed</u> by the faculty of instinct

2. 名詞の反復を避ける that / those

同じ文中で，名詞の反復を避けるために that や those が使われることがあります。日本語でも「東京の人口は大阪のそれより多い」ということがありますが，それに近い感覚だと思われます。なお，this や these にはこのような用法がありません。

例1 **The population of Tokyo is larger than <u>that</u> of Osaka.**
「東京の人口は大阪の人口より多い」

この **例1** では that = the population ですね。この場合 population が単数形ですから that が使われています。日本語では「東京の人口は大阪より多い」でも通じますが，英語の場合には比較されているものの形をそろえなければなりません。ですから the population of Tokyo に対して the population of Osaka とする必要がありますが，英語では「同じ語句の反復は避ける」というルールがあるため，2つ目の the population を that で置き換えます。this で置き換えることはできません。

複数形の名詞の場合には those が使われます。

例2 **I believe that the finest wines are <u>those</u> from France.**
「最高のワインはフランスのワインだと私は思っている」

次の **例2** では those = the wines です。この場合も those を these で置き換えることはできません。

本問では，those of women = the actions of women となります。

66 ▶省略

if のあとの省略は「対照・譲歩」の意味①

The idea [that humans are the center (of the universe) and all
S　　　接　　　S'₁　　V'₁　　　　C'₁　　　　　　接
other species exist only 〈for the benefit (of them)〉], 〈though it is
S'₂　　　V'₂　M'₂₋₁　　　M'₂₋₂　　　　　　　　接　S' V'
contradictory 〈to practical experience〉〉, is still a widespread, 〈*if*
C'　　　　　M'　　　　　　　　V　M
often not acknowledged〉, one.
C

日本語訳例

人間は宇宙の中心であり，人間以外の種は人間の利益のためだけに存在するという
考えは，現実の経験とは矛盾しているものの，多くの場合認められることはないに
※1
せよ，依然として広く普及した考えである。
※3　　　　　　※2　　　　　　　　　　　※4

※1　for the benefit of 〜 の訳は「〜の恩恵のため」「〜のため」も可です。
※2　practical experienceの訳は「実際の経験」「実際的な経験」でも可です。
※3　if often not acknowledgedは「しばしば認められないにしても」「あまり認められないもの
　　の」などでも可です。
※4　oneはideaを受ける代名詞です。一般にoneには冠詞を付けず，複数形にもしませんが，形
　　容詞を伴うと冠詞を付けたり複数形にしたりします。oneの訳を抜かした「広まっている」「普及
　　している」「広く浸透している」などは不十分です。

英文分析

1. *X*, if *Y*「YではあるがX」

まず if 〜「もし〜」と even if 〜「たとえ〜でも」の違いを確認しておきます。

例1 *If* it rains tomorrow, our festival will be postponed.
「もし明日雨が降るなら，私たちの祭りは延期される」

例2 *Even if* it rains tomorrow, the match will be held.
「たとえ明日雨が降ったとしても，その試合は行われる」

(1) If S' V', S V. は「S' V' という条件ならS V」という意味で，**(2) Even if S' V', S V.** は「S' V' という条件でも，S V という状況に変化はない」という意味です。

ところが，if ～ であっても「たとえ～しても」と訳すこともあります。

例3 **If he was disappointed, it was temporary.**

　　（やや不自然）「もし彼が失望していたら，それは一時的なものだ」

　　（自然）　　　「たとえ彼が失望していたとしても，それは一時的なものだ」

この **例3** は上記の **(1)** に当たりますが，この場合，if ～ を「もし～」と訳すと不自然なので「たとえ～しても」と訳します。この if は辞書では「譲歩」と分類されています。

さらに *X,* if *Y* で「対照」の意味になります。

例4 **This medicine is very effective, if a little expensive.**

　　「この薬は少々値段が高いがよく効く」

この **例4** は，very effective と a little expensive を「対照」する用法で，「もし～」では不自然なので，「～ではあるが」と訳します。本問の if は **例4** の用法です。

本問を省略前の文にすると，The idea ... a widespread one, if it is often not an acknowledged one. となります。ここから共通要素が省略され，「対照」されているもの（ここでは widespread と not acknowledged）が並べられています。

2. 名詞（句）と that 節の同格関係

本問の *that* humans are the center of the universe *and* all other species exist only for the benefit of them「人間は宇宙の中心であり，人間以外の種は人間の利益のためだけに存在するということ」は1つの完全な文です。そこで the idea と that 以下が同格の関係にある，ということがわかります。

and の後ろの that の有無については以下のことを基準に考えてください。

> **(1) that S₁ V₁ and that S₂ V₂**：S₁ V₁ と S₂ V₂ が<u>独立した内容</u>と筆者が判断
>
> **(2) that S₁ V₁ and S₂ V₂** 　　：S₁ V₁ と S₂ V₂ が<u>一連の内容</u>と筆者が判断

本問では **(2)** になります。

3.《時・条件・譲歩の接続詞＋S＋be 動詞＋～》での省略

《時・条件・譲歩の接続詞＋S＋be 動詞＋～》の《S＋be 動詞》の省略が起こることがあります。また次の **例** のように，時・条件・譲歩を示す接続詞が分詞構文の前に付く場合もあります。

例 ***Though*** **liking dogs, Ann never lets them sleep with her.**

　　「アンは犬好きだが，犬が自分と一緒に寝るのは絶対許さない」※ is liking ... は不可

本問では though it (= the idea) is contradictory to practical experience が元の形です。

ifのあとの省略は「対照・譲歩」の意味②

〈While people (living 〈in this area〉) have numerous expressions
　　接　　　　S'　　　　　　　　　　　　V'　　　　　　　　　　O'
(for ["I'm sorry,"])〉 they have no equivalent (of the English ["It's
　　　　　　　　　　　　S　 V　　　　　　O
your fault."]) That is a foreign, 〈*if not unimaginable*〉, concept
　　　　　　　　S　V　　　　　　　　　　　　　　　　　　C
(to them).

日本語訳例

この地域に住む人々は「ごめんなさい」を示す多くの表現を持っている一方で, 英
語の「それは君の責任だ」に相当する表現を持たない。それ (=それは君の責任だ)
　　　　　　　　　※2
は, 彼らにとっては想像できないとまでは言わないまでも, 異質な概念である。
　　　　　　　　　　　　　　※4　　　　　　　　　　　　※3

※1　Whileは「〜だが（一方で）」「〜に対し」という対照の意味です。期間を示す「〜の間」や
　　　譲歩の「〜だけれども」の意味ではありません。
※2　equivalentは「相当するもの」「匹敵するもの」なども可です。
※3　foreignの訳として「外国の」は不適切です。
※4　if not unimaginableの訳は「想像できないことでもないが」「想像できないほどではないが」
　　　でも可です。ただし, notを抜かして「想像できないが」とするのは誤訳です。

英文分析

1. if 〜 を「譲歩」「たとえ〜でも」と訳す場合

例1 **Some children** *seldom, if ever,* **read for fun.**

「楽しみのために本を読むことがめったにない子供もいる」

「たとえ〜でも」の意味のif は, しばしば省略を伴います。**例1** の省略を補った文は,
次のようになります。

→ **Some children *seldom* read for fun, *if* they have *ever* read for fun.**

ever は通常肯定文では使用されませんが，if 節内では可能で**「今までにあったかもしれないが」「もしあればいつでもいいが」**の意味です。そこで文の意味は「一部の子供は，生まれてから今まで楽しみのために本を読んだことがあったとしても，そんなことをするのはまれだ」となります。共通部分を省略すると，Some children seldom read for fun, if they have ever. さらに，ever があることで完了形なのは明らかですから，they have も省略します。すると Some children seldom read for fun, if ever. となります。さらに seldom「めったに〜ない」と ever「今までに〜」という 2 つの副詞の対比を明確にするため，if ever を seldom の直後に挿入し，できた英文が **例1** です。直訳調で訳すと「たとえ今まであったとしてもめったに〜ない」ですが，「まずめったに〜ない」という意訳でも十分です。

例2 **There is *little*, *if any*, difference between these two words.**

　　　「この 2 つの語に少しぐらいの違いがあったとしても，ほとんど違いがない」

この **例2** の省略されている部分を補うと，**There is *little* difference between these two words, *if* there is *any* difference between these two words.** となります。any は「ないかもしれないが，もしあれば何らかの」の意味ですから，文意は「たとえこの 2 つの語に少しぐらいの違いがあったとしても，ほとんど違いがない」となります。あとは **例1** と同じステップで，**例2** の文ができあがります。

2. if 〜 を「対照」「〜だが」と訳す場合

「譲歩」の場合は if 〜 の内容が仮定ですが，「対照」の場合は if 〜 の内容が現実であることを示します。両者の違いは微妙ですが，そこまで気にすることはないでしょう。「対照」の中でもよく出てくる形が *X, if not Y* です。

例1 **I make *most*, *if not all*, of the important decisions for this school.**

　　　「私はこの学校の重要な決定を，すべてではないが，その大半を行っている」

この **例1** の省略されている箇所を補うと，**I make *most* of the important decisions for this school, *if* I do *not* make *all* of the important decisions for this school.** となります。あとは 1. で示したのと同じステップで，**例1** の文ができあがります。

例2 **The deep snow made it *difficult*, *if not impossible*, to get the car out.**

　　　「雪が深かったので，その車を出すことは不可能ではなかったが困難だった」

　　　※ if it did not make it impossible が元の形です。

本問は，That is a foreign concept to them, if it is not an unimaginable concept to them. から共通要素が省かれ，foreign と not unimaginable が対照された形です。

68

省略は直前の文を見よう①

The committee's responses (to her many proposals) seem to vary
　　　　　S　　　　　　　　　　　　　　　　　　　　　　　V　　　C
widely, ⟨to say the least⟩. It may decide [to implement them ⟨as
　　　　　　　M₂　　　　　S　助　V　　　　　　　　　　　　　O₁
proposed⟩, or not *to implement them* ⟨in any way⟩ ⟨at all⟩].
　　　接　　　　　　　　　O₂

日本語訳例

> 彼女の数多くの提案に対する委員会の反応は，控え目に言っても大きく異なるよう
> ※1
> に思える。提案どおりに実行に移す，あるいは全く実行に移さない，という決定が
> ※3　　　　　　　　　　　　　※5　　　　　　　※5
> 下されることになるかもしれない。
> ※4

※1　responsesの訳は「対応」「返答」でも可です。

※2　vary widelyの訳は「実にさまざまである」「大きく差がある」「大きく違う」などでも可です。
　　　「広くさまざまである」は不自然です。

※3　as proposedは「彼女の提案どおりに」「提案されたように」でも可です。

※4　not in any way at allがdecide toの影響下にあることがわかっていない答え，例えば「〜と
　　　決める，もしくは全くそうしないだろう」のようなものは不可です。

※5　not in any wayもnot at allも否定の強調なので，2つで「全く〜ない」とすれば十分です。

英文分析

　省略は「わかりきっているから省く」のです。難しく考えてはいけません。

1. 省略は直前の文をよく見よう

　省略は，省略しても理解可能だと話者・筆者が判断したために起きる現象ですから，
決して難しいことはありません。「わかりきっているから省略する」と考えてください。
英語アレルギーの人は，なかなかこのように考えることができずに，変に難しく考える
傾向があるようです。とにかく素直に考えることが一番です。

省略が起きている直前の文に似た形がないかを探すのが基本です。本問では, or の後ろには not in any way at all しかありませんから, or の前の文をよく見て省略されているものを考えます。すると not to implement them in any way at all が元の形だとわかりますね。つまり後半は,「あるいは,(どのような方法であれ)全く実行に移さない」という意味です。

前半には as proposed がありますが, 後半にはそれと対比する表現として in any way が置かれています。「提案どおりに実行する」かあるいは「提案どおりには実行しない」と言っているのではなく,「提案どおりに実行する」かあるいは「提案どおりであろうがなかろうがそもそも実行しない」ということです。

2.《as＋過去分詞形》の意味

as は「～とだいたい等しい」「～みたいな」ぐらいの意味の「ゆるーい」つなぎ語です。英語の歴史のいつかに(おそらく若者たちの間で)爆発的に流行し,「何でも付けられる便利なつなぎ語」として普及したようです。as for me「私にとって」という熟語も, 本来は for me「私に関して」で十分なのに, 何となく as を付けて「私に関してみたいな」というゆるい言葉にされたのであろうと推察されます。

《as＋過去分詞形》も,「～されるように, ～されるような」というゆるい形です。副詞句としても形容詞句としても使えます。

例1 *As mentioned above*, I agree with this idea.
　　　「上で述べたように, 私はこの考えに賛成です」

例2 I hid myself behind the wall *as told*.
　　　「言われたようにその壁の後ろに身を隠した」

例3 The ingredients arrived exactly *as ordered*.
　　　「その材料はまさしく注文どおりに届いた」

本問では as proposed が副詞句を形成し「提案されたとおりに」の意味です。

3. 独立不定詞

文中の他の部分から独立して, 文全体を修飾する to 不定詞を**独立不定詞**と呼びます。慣用句になっているものが数多くあります。

- to be frank (with you)「率直に言えば」
- to tell the truth「実は」
- to begin with「まず最初に」
- to be sure「確かに」

本問では to say the least が独立不定詞で「控え目に言っても」という意味です。

省略は直前の文を見よう②

〈Hoping to learn 〈about some (of the many secrets (of Julie's
　　　　　　　　　　　　　　　　　　　　　　　M
success))〉〉〉, I have spoken 〈to her〉 often lately, │but│ ***I have***
　　　　　　　　S 助　　V　　　M₁　　M₂　　M₃　　接
never spoken to her often lately 〈without realizing later [that I
M　　　　　　　　　　　　　　　　　　前　　　V'　　　M'
had actually learned almost nothing at all about any one (of
　　　　　　　　　　　　　　　　　O'
them)]〉.

日本語訳例

私はジュリーの成功の多くの<u>秘訣</u>の一端を知りたくて，最近よく彼女と話してい
　　　　　　　　　　　　※2　　　　　　※1
る。しかし，<u>話すたびに</u>，<u>それらのどれについても</u>，私は実はほとんど何も<u>学んで</u>
　　　　※3　　　　　　　※5　　　　　　　　　　　　　　　　　　※4
いなかったということに，あとになってわかるのである。

※1　some of 〜 の訳は「〜の一部」でも可です。「〜のいくつか」は避けましょう。

※2　secretsの訳として「秘密」も×ではありません。

※3　neverの訳は，元の形がI have never spoken to herであることがわかるように訳してくださ
　　い。つまり「話してみると必ず〜」などの日本語を補ってください。

※4　この文脈のlearned 〜 の訳は，「〜を学んだ」が適切です。

※5　any one of themの訳は，any「いずれも」の訳を忘れないでください。

英文分析

never 〜 without ... の訳し方にも注意してください。

1. 省略は直前の文をよく見よう

前回も述べたように，省略は「わかりきっているから省く」のであり，p.144 で示し
たとおり，「省略されるのは，読者への意地悪ではなくて自明だから」ということです。

ですから，省略が行われている文の前文を参考に復元すればよいのです。

例 **At that time I had never met her in my life, nor she me.**

「その当時，それまでの人生の中で私は彼女に会ったことがなかったし，彼女も私に会ったことがなかった」

この文では nor had she met me in her life から共通部分が省かれているのがわかります。nor の後ろは通例は疑問文の形の倒置になりますが，ここではその had が省略されているので形としては倒置のようには見えません。

「わかりきっているから省略する」ということをベースに本問を見ていきます。but の後ろに never without ... とありますが，これでは文として成立しません。そこで「何かが省略されている！」と気がつくわけです。直前の文が，I have spoken to her often lately ですから，I have never spoken to her often lately が元の文であり，そこから共通要素がすべて省略され never だけが残ったと考えればよいのです。

2. 訳出の工夫

never 〜 without ... は，直訳は「…なしには決して〜しない」ですが，2 回も否定語が出てきてややこしいですから，もっとすっきりと**「〜すれば必ず…」**とするのが定訳です。本問もこの形が使われています。

例1 **Jill *never* leaves home *without* her camera.**

（直訳）「ジルはカメラなしには家を決して出ない」

（意訳）「ジルは外出するときには必ずカメラを持っていく」

only have to / have only to (*V*) to (*V'*) も前から訳すと自然です。

例2 **You *only have to* push this button *to* start the machine.**

「このボタンを押すだけで機械を動かすことができます」

use 〜 to (*V*) も同様に前から訳すと自然です。

例3 **Ancient people *used* several wooden tools *to* build their houses.**

「古代の人々はいくつかの木製の道具を用いて家を建てた」

3. 文頭の (*V*) ing は分詞構文の可能性もある

文頭に (*V*) ing があれば，**(1) 動名詞で文の主語**，**(2) 分詞構文**，**(3) (*V*) ing be S の形の倒置形**の可能性があります。(3) はごくまれなので，普通は (1) か (2) です。

(1) の場合，動名詞のあとに動詞が続きますが，本問では Hoping to ... のあとに I have spoken ... という節が続いているので，(2) の分詞構文です。類例を挙げておきます。

例 ***Thinking it might snow***, **I decided to go by train.**

「私は，雪が降るかもしれないと思い，列車で行くことにした」

⑦⓪ 《S＋be動詞》を補って考えよう① as if to (V)

⟨When ~~he was~~ asked ⟨by a reporter⟩ [whether he was planning to
　　　　接　　　　 V'　　　　　　 M'
become a candidate ⟨in the next presidential election⟩]⟩, he
　　　　　　 O'　　　　　　　　　　　　　　　　　　　　　　 S
looked ⟨as if ***he was*** about to break ⟨into a fit of laughter⟩ ⟨at the
 V　　　　接　　助扱い　　　 V'　　　　　　 M'₁
absurdity of the notion⟩⟩.
 M'₂

日本語訳例

①彼は，記者から次の大統領選挙に立候補するつもりかと質問をされたとき，その
　　　　　　　　　　　　　　　　　　　　　　　　　　※2　　　　　　　　　　　　　　※1
考えがばかげていることに笑い出しそうな顔をした。
　　　　※4　　　　　　　　※3

②記者からの「次期大統領選に出馬されるつもりですか」という質問に，彼は「そ
　　　　　　　　　　　　　　　　　　　　　　※2　　　　　　　　　　　　　 ※1
んなばかな」と笑い出しそうな表情だった。
　※4　　　　　　　※3

※1　askedの訳は「尋ねられた」も可です。「聞かれた」も×ではありません。

※2　become a candidate in ～ を「～の候補者になる」は日本語としては不自然です。

※3　be about to (V) は「まさに～する」「今にも～する」の意味ですが，「～しそう」と訳すこ
　　　ともできます。

※4　the absurdity of the notion「その考えのばからしさ」が直訳ですが，「そのばかげた考え」と
　　　しても許容範囲です。absurdityの訳として「不合理（さ）」「不条理（さ）」は不自然ですが×で
　　　はありません。

※訳例②のように直接話法で表現することもできます。

英文分析

　この構文の理解には，そもそも be to (V) の正しい理解が必要です。

148

1. as if S V について

基本的には as if で1つの接続詞として働きます。元々は as 〜 as 構文と仮定法との組み合わせでできた構文ですから，as if のあとは仮定法が適用されましたが，今では仮定法が適用されないことも少なからずあります。as if の代わりに as though が用いられることもあります。

例1 **Betty looks as if [as though] she is [was / were] from Japan.**
「ベティはまるで日本の出身かのように見える」

as if to (V) の形で用いられることもあります。これは as if S be to (V) から，《S＋be 動詞》が省かれた形であると考えればいいでしょう。

例2 **The dog looked *as if to* say "I love you."**
「その犬は『愛しているよ』と言いたそうな顔をしていた」

本問では，looked as if he was [were] about to break into 〜 から he was [were] が省略されたと考えます。

2.《時・条件・譲歩の接続詞＋S＋be 動詞＋〜》での省略

「時（when, while）」「条件（if, unless）」「譲歩（although, while）」などで始まる副詞節内では，副詞節内の主語と，主節の主語が同じ場合，副詞節内の文の**主語（S）とbe 動詞はしばしば省かれます。**

例1 **While (I was) traveling in France, I visited several wineries.**
「フランスを旅行中，いくつかのワイン醸造所を訪れた」

例2 **This plant grows fast if (it is) placed near a window.**
「この植物は窓際に置かれると速く成長する」

例3 **Although (he is) proud of his country, he hardly ever talks about it.**
「彼は自国のことを誇りに思っているが，めったに口にしない」

本問では，When he was asked by ... から he was が省かれています。

3. 形容詞の名詞構文

形容詞の名詞形が用いられた文では，その名詞形を元の形容詞形に戻せば，訳が自然になることがあります。

例 **Her readiness to cooperate will be a key factor in this project.**
「彼女が進んで協力することが，この計画で鍵となる要因になるだろう」

readiness to (V) は，be ready to (V)「進んで〜する」の名詞形です。

本問の the absurdity of the notion は，the notion is absurd の名詞構文なので，「その考えがばかげていること」と訳すと自然な訳になります。

71 ▶省略

《S＋be 動詞》を補って考えよう②
《前置詞＋関係代名詞＋to (V)》

The most promising area {⟨in which⟩ **_we are_** (to search ⟨for the
　　　S　　　　　　　　　　　M'　　　　S'　V'　　　C'→
roots (of football)⟩)} would appear to be that of the ancient
　　　　　　　　　　　　　　助　　appear　V
human activity of hunting, | but | no serious research (in this area)
　C　　　　　　　　　　　　　接　　　　　　　　　　　S
has yet been conducted.
助　M　　　V

日本語訳例

サッカーの起源を探す際の最も有望な分野は，古代の人間活動である狩猟の分野の
　　　　　　　　※2　　　　　　　　　　　　　　　　　　　　※1
ように思われる。しかし，この分野の本格的な研究はまだ全く行われていない。
　　　　　※3　　　　　　　　　　　　　　　　　　　　　　　　　　※4

※1　promising は「有望な」という意味の形容詞なので「約束している」の類いの訳は避けてく
　　ださい。
※2　football の訳は「フットボール」も可です。
※3　appear to be 〜 は「〜に思える」の意味なので「出現する」は不可です。
※4　that は名詞の反復を避けるための代名詞で，ここでは the area の言い換えです。

英文分析

関係代名詞が代名詞に見えていることが理解の最低条件です。

1.《前置詞＋関係代名詞＋to (V)》について

《疑問詞＋to (V)》は中学校で習います。例えば what to do は「何をするべきか」，
when to start は「いつ出発するのか」です。ただよく考えてみると変な形ですね。実
は，これは「《S＋be 動詞》が省略された形」と考えればわかりやすくなります。例え
ば，what I am to do「私が何をするべきか」から I am が省かれて what to do となった
と考えるわけです。ここに出てくる S＋be to (V) という文の構造は，「S が V の方向に

ある」→「SがVすることになる」という意味を持ちます。

例1 **The President *is to leave* for Egypt tomorrow.**

「大統領は明日エジプトに発つことになっている」

例2 **I *was to find out* that there was no one who knew about me.**

「私のことを知っている人が誰もいないと知ることになった」

同様に《前置詞＋関係代名詞＋to (V)》という形も《S＋be動詞》が省略されたものと見ることができます。

例3 **Yesterday I bought a dress *in which* ~~I was~~ *to go out*.**

「昨日，私はドレスを買った。それを着て私は外出することになっていた」

→「昨日，外出の際に着るドレスを買った」

ただし，関係代名詞節の中でこの形が許されるのは，《前置詞＋関係代名詞》のあとだけです。前置詞を伴わない関係代名詞節では用いられない形です。

なお，**例3** を to 不定詞の形容詞的用法を用いて書き換えれば，**Yesterday I bought a dress to go out in.** となります。文末の in に気をつけてください。

本問の the most promising area in which ~~we are~~ to search for the roots of football は「私たちがサッカーの起源を探し求めることになる最も有望な分野」の意味になります。

2. could / would / might は，形は過去形でも意味は現在

そろそろ could / would / might が現在形のように見えてきたでしょうか。何度も言いますが，could / would / might を見たときに「過去かな？」と思ってはいけません。とにかく第一印象は「現在形」です。そして，それぞれ「can / will / may の意味の弱め」と思ってください。さらに「なぜ意味を弱めたのかな？」と考えてください。それは何かの事情で弱めざるを得ないからです。

例 **I am so hungry that I *could* eat a horse.**

「おなかがすいているので馬一頭食べられる」

例えば，この **例** で「馬一頭食べられる」と言ってみたものの，実際にはとても食べられるものではありませんね。ですから筆者は could を用いたわけです。

本問で考えてみましょう。「サッカーのルーツを探すのは極めて困難で，おそらく有史以前の話にまで遡るでしょう。すると恐らくわからないですね。だからそんなことを真剣に探す人はまれでしょうが，もし探すとするならば」という気持ちが would に表れているわけです。